L'Art du Dash

Des Saveurs Saines et Gourmandes en Un Éclair

Philippe Leclerc

Table des matières

Mélange de poulet et lentilles 12

Poulet et chou-fleur 13

Soupe basilic, tomates et carottes 15

Porc aux patates douces 16

Soupe à la truite et aux carottes 17

Ragoût de dinde et fenouil 18

soupe d'aubergines 19

Crème De Patate Douce 20

Soupe au poulet et aux champignons 21

Poêlée Saumon-lime 23

Salade de pommes de terre 24

Poêlée de bœuf haché et tomates 26

Salade de crevettes et avocat 27

Crème de brocoli 28

Soupe aux choux 29

Soupe de céleri et chou-fleur 30

Soupe de porc et poireaux 31

Salade de brocolis à la menthe et aux crevettes 32

Soupe de crevettes et morue 34

Mélange de crevettes et oignons verts 36

ragoût d'épinards 37

Mélange de chou-fleur au cari 38

Ragoût de carottes et courgettes 39

Ragoût de chou et haricots verts 41

- Soupe aux champignons et au chili 42
- Porc au piment 43
- Salade de champignons au paprika et au saumon 44
- Mélange de pois chiches et pommes de terre 46
- Mélange de poulet à la cardamome 48
- Chili aux lentilles 49
- Endives au romarin 51
- endives au citron 52
- Asperges au pesto 53
- Carottes au paprika 54
- Poêlée de pommes de terre crémeuse 55
- chou au sésame 56
- Brocoli à la coriandre 57
- Choux de Bruxelles au piment 58
- Mélange de choux de Bruxelles et oignons verts 59
- Purée de chou-fleur 60
- Salade d'avocats 61
- Salade de radis 62
- Salade d'endives au citron 63
- Mélange d'olives et de maïs 64
- Salade de roquette et pignons de pin 65
- Amandes et épinards 66
- Salade de haricots verts et de maïs 67
- Salade d'endives et chou frisé 68
- Salade d'edamames 69
- Salade de raisins et d'avocat 70
- Mélange d'aubergines à l'origan 71

Mélange de tomates au four	72
champignons au thym	73
Sauté d'épinards et de maïs	74
Sauté de Maïs et Ciboulette	75
Salade d'épinards et de mangue	76
Pommes de terre à la moutarde	77
Choux de Bruxelles à la noix de coco	78
carottes à la sauge	79
Champignons à l'ail et au maïs	80
Haricots verts au pesto	81
Tomates à l'estragon	82
betterave aux amandes	83
Tomates Menthe et Maïs	84
Sauce courgettes et avocat	85
Mélange de pommes et choux	86
Betteraves rôties	87
Chou à l'aneth	88
Salade de chou et carotte	89
Sauce aux tomates et aux olives	90
Salade de courgettes	91
Salade de carottes au curry	92
Salade de laitue et betterave	93
Radis aux herbes	94
Mélange de fenouil au four	95
Poivrons rôtis	96
Dattes et chou sautés	97
Mélange d'Olives et Endives	99

Salade de tomate et de cocombre	100
Salade de poivrons et carottes	101
Mélange de haricots noirs et de riz	102
Mélange de riz et chou-fleur	103
Mélange de haricots balsamiques	104
Betterave crémeuse	105
Mélange d'avocat et de poivron	106
Patates douces et betteraves rôties	107
Chou frisé sauté	108
Carottes épicées	109
Artichauts au citron	110
Brocoli, haricots et riz	111
Mélange de citrouille au four	112
asperges crémeuses	113
Mélange de navets et basilic	114
Mélange de riz et câpres	115
Mélange d'épinards et de chou frisé	116
Mélange de crevettes et d'ananas	117
Saumon et olives vertes	118
Saumon et fenouil	119
Morue et Asperges	120
crevettes épicées	121
Bar et tomates	122
Crevettes et haricots	123
Mélange de crevettes et raifort	124
Salade de crevettes et estragon	125
Mélange de morue au parmesan	126

Mélange de tilapia et d'oignons rouges	127
salade de truite	128
Truite balsamique	129
Saumon au persil	130
Salade de truite et légumes	131
saumon au safran	132
Salade de crevettes et pastèque	133
Salade de crevettes et quinoa à l'origan	134
Salade de crabe	135
Pétoncles balsamiques	136
Mélange crémeux de plie	137
Mélange épicé de saumon et de mangue	138
Mélange de crevettes à l'aneth	139
Pâté De Saumon	140
Crevettes aux Artichauts	141
Crevettes à la sauce citronnée	142
Mélange de thon et d'orange	143
Saumon au curry	144
Mélange de saumon et carottes	145
Mélange de crevettes et pignons de pin	146
Morue chili et haricots verts	147
Coquilles Saint-Jacques à l'ail	148
Mélange de bar crémeux	149
Mélange de bar et de champignons	150
soupe au saumon	151
Crevettes à la muscade	152
Mélange de crevettes et de baies	153

Truite citronnée au four	154
Pétoncles à la ciboulette	155
Boulettes de thon	156
Poêlée de Saumon	157
Mélange de morue à la moutarde	158
Mélange de crevettes et asperges	159
Morue et petits pois	160
Bols de crevettes et de moules	161
crème de menthe	162
pouding aux framboises	163
Barres aux amandes	164
Mélange de pêches au four	165
Tarte aux noix de pécan	166
Tarte aux pommes	167
crème à la cannelle	168
Mélange crémeux aux fraises	169
Brownies à la vanille et aux noix	170
pudding au cacao	172
Crème de muscade et vanille	173
Crème d'avocat	174
Crème de framboise	175
salade de pastèque	176
Mélange de poire et de noix de coco	177
Compote de pommes	178
Ragoût d'abricots	179
Mélange de melon et de citron	180
Tartinade crémeuse à la rhubarbe	181

Bols d'ananas	182
ragoût de myrtilles	183
pudding au citron vert	184
Crème de pêche	185
Mélange de prunes à la cannelle	186
Pommes Chia et Vanille	187
ragoût de rhubarbe	189
Crème de rhubarbe	190
Salade de myrtilles	191
Dattes et crème de banane	192
Muffins aux prunes	193
Bols de prunes et raisins secs	194
Barres aux graines de tournesol	195
Bols de mûres et de noix de cajou	196
Bols d'orange et de mandarine	197
Crème de potiron	198
Mélange figues et rhubarbe	199
Banane épicée	200
shake au cacao	201
barres de banane	202
Barres au thé vert et aux dattes	203
Gâteau au citron	205
barres aux raisins	206
Carrés de nectarines	207
Ragoût de raisin	208
Crème Mandarine et Prune	209
Crème De Cerise Et Fraise	210

Noix de cardamome et riz au lait 211

pain aux poires 212

Pudding au riz et aux cerises 213

ragoût de pastèque 214

pudding au gingembre 215

crème de cajou 216

Biscuits au chanvre 217

Bols d'amandes et de grenades 218

Pommes de terre rissolées et légumes 219

Risotto à la ciboulette et au bacon 221

Quinoa à la cannelle, pistache 222

Mélange de yaourt aux cerises 223

Mélange de prunes et de noix de coco 224

Yaourt aux pommes 225

Mélange de poulet et lentilles

Temps de préparation : 10 minutes.
Temps de cuisson : 25 minutes.
Portions : 4

Ingrédients:
- 1 tasse de tomates en conserve, sans sel ajouté, hachées
- Poivre noir au goût
- 1 cuillère à soupe de pâte chipotle
- 1 livre de poitrine de poulet, sans peau, désossée et coupée en cubes
- 2 tasses de lentilles en conserve, sans sel ajouté, égouttées et rincées
- ½ cuillère à soupe d'huile d'olive
- 1 oignon jaune haché
- 2 cuillères à soupe de coriandre hachée

Adresses :
1. Faites chauffer une poêle avec l'huile à feu moyen, ajoutez l'oignon et la pâte de chipotle, remuez et faites revenir pendant 5 minutes.
2. Ajoutez le poulet, remuez et faites dorer pendant 5 minutes.
3. Ajoutez le reste des ingrédients, remuez, faites cuire le tout 15 minutes, répartissez dans des bols et servez.

Nutrition: calories 369, lipides 17,6, fibres 9, glucides 44,8, protéines 23,5

Poulet et chou-fleur

Temps de préparation : 5 minutes.
Temps de cuisson : 25 minutes.
Portions : 4

Ingrédients:
- 1 livre de poitrine de poulet, sans peau, désossée et coupée en cubes
- 2 tasses de fleurons de chou-fleur
- 1 cuillère à soupe d'huile d'olive
- 1 oignon rouge haché
- 1 cuillère à soupe de vinaigre balsamique
- ½ tasse de poivron rouge haché
- Une pincée de poivre noir
- 2 gousses d'ail, hachées
- ½ tasse de bouillon de poulet faible en sodium
- 1 tasse de tomates en conserve, sans sel ajouté, hachées

Adresses :
1. Faites chauffer une poêle avec l'huile à feu moyen-vif, ajoutez l'oignon, l'ail et la viande et faites revenir 5 minutes.
2. Ajoutez le reste des ingrédients, remuez et laissez cuire à feu moyen pendant 20 minutes.
3. Répartissez le tout dans des bols et servez pour le déjeuner.

Nutrition: calories 366, lipides 12, fibres 5,6, glucides 44,3, protéines 23,7

Soupe basilic, tomates et carottes

Temps de préparation : 10 minutes.
Temps de cuisson : 20 minutes.
Portions : 4

Ingrédients:
- 3 gousses d'ail, émincées
- 1 oignon jaune haché
- 3 carottes hachées
- 1 cuillère à soupe d'huile d'olive
- 20 onces de tomates rôties, sans sel ajouté
- 2 tasses de bouillon de légumes faible en sodium
- 1 cuillère à soupe de basilic séché
- 1 tasse de crème de coco
- Une pincée de poivre noir

Adresses :
1. Faites chauffer une casserole avec l'huile à feu moyen, ajoutez l'oignon et l'ail et faites revenir pendant 5 minutes.
2. Ajoutez le reste des ingrédients, remuez, portez à ébullition, laissez cuire 15 minutes, mixez la soupe au mixeur plongeant, répartissez dans des bols et servez pour le déjeuner.

Nutrition: calories 244, lipides 17,8, fibres 4,7, glucides 18,6, protéines 3,8

Porc aux patates douces

Temps de préparation : 10 minutes.
Temps de cuisson : 30 minutes.
Portions : 4

Ingrédients:
- 4 côtelettes de porc, désossées
- 1 livre de patates douces, pelées et coupées en quartiers
- 1 cuillère à soupe d'huile d'olive
- 1 tasse de bouillon de légumes, faible en sodium
- Une pincée de poivre noir
- 1 cuillère à café d'origan séché
- 1 cuillère à café de romarin séché
- 1 cuillère à café de basilic séché

Adresses :
1. Faites chauffer une poêle avec l'huile à feu moyen-vif, ajoutez les côtelettes de porc et faites-les cuire 4 minutes de chaque côté.
2. Ajoutez les patates douces et le reste des ingrédients, couvrez et laissez cuire à feu moyen encore 20 minutes en remuant de temps en temps.
3. Répartissez le tout dans les assiettes et servez.

Nutrition: calories 424, lipides 23,7, fibres 5,1, glucides 32,3, protéines 19,9

Soupe à la truite et aux carottes

Temps de préparation : 10 minutes.
Temps de cuisson : 25 minutes.
Portions : 4

Ingrédients:
- 1 oignon jaune haché
- 12 tasses de bouillon de poisson faible en sodium
- 1 livre de carottes, tranchées
- 1 livre de filets de truite, désossés, sans peau et coupés en cubes
- 1 cuillère à soupe de paprika doux
- 1 tasse de tomates en dés
- 1 cuillère à soupe d'huile d'olive
- Poivre noir au goût

Adresses :
1. Faites chauffer une casserole avec l'huile à feu moyen-vif, ajoutez l'oignon, remuez et faites revenir pendant 5 minutes.
2. Ajoutez le poisson, les carottes et le reste des ingrédients, portez à ébullition et laissez cuire à feu moyen pendant 20 minutes.
3. Versez la soupe dans des bols et servez.

Nutrition: calories 361, lipides 13,4, fibres 4,6, glucides 164, protéines 44,1

Ragoût de dinde et fenouil

Temps de préparation : 10 minutes.
Temps de cuisson : 45 minutes.
Portions : 4

Ingrédients:
- 1 poitrine de dinde, sans peau, désossée et coupée en cubes
- 2 bulbes de fenouil, tranchés
- 1 cuillère à soupe d'huile d'olive
- 2 feuilles de laurier
- 1 oignon jaune haché
- 1 tasse de tomates en conserve, sans sel ajouté
- 2 bouillons de bœuf faibles en sodium
- 3 gousses d'ail, émincées
- Poivre noir au goût

Adresses :
1. Faites chauffer une poêle avec l'huile à feu moyen, ajoutez l'oignon et la viande et faites revenir 5 minutes.
2. Ajouter le fenouil et le reste des ingrédients, porter à ébullition et cuire à feu moyen pendant 40 minutes en remuant de temps en temps.
3. Répartissez le ragoût dans des bols et servez.

Nutrition: calories 371, lipides 12,8, fibres 5,3, glucides 16,7, protéines 11,9

soupe d'aubergines

Temps de préparation : 10 minutes.
Temps de cuisson : 30 minutes.
Portions : 4

Ingrédients:
- 2 grosses aubergines coupées en cubes
- 1 litre de bouillon de légumes faible en sodium
- 2 cuillères à soupe de concentré de tomate sans sel ajouté
- 1 oignon rouge haché
- 1 cuillère à soupe d'huile d'olive
- 1 cuillère à soupe de coriandre hachée
- Une pincée de poivre noir

Adresses :
1. Faites chauffer une casserole avec l'huile à feu moyen, ajoutez l'oignon, remuez et faites revenir pendant 5 minutes.
2. Ajouter les aubergines et les autres ingrédients, porter à ébullition à feu moyen, cuire 25 minutes, répartir dans des bols et servir.

Nutrition: calories 335, lipides 14,4, fibres 5, glucides 16,1, protéines 8,4

Crème De Patate Douce

Temps de préparation : 10 minutes.
Temps de cuisson : 25 minutes.
Portions : 4

Ingrédients:
- 4 tasses de bouillon de légumes
- 2 cuillères à soupe d'huile d'avocat
- 2 patates douces, pelées et coupées en cubes
- 2 oignons jaunes, hachés
- 2 gousses d'ail, hachées
- 1 tasse de lait de coco
- Une pincée de poivre noir
- ½ cuillère à café de basilic haché

Adresses :
1. Faites chauffer une casserole avec l'huile à feu moyen, ajoutez l'oignon et l'ail, remuez et faites revenir pendant 5 minutes.
2. Ajoutez les patates douces et le reste des ingrédients, portez à ébullition et laissez cuire à feu moyen pendant 20 minutes.
3. Mixez la soupe avec un mixeur plongeant, versez dans des bols et servez pour le déjeuner.

Nutrition: calories 303, lipides 14,4, fibres 4, glucides 9,8, protéines 4,5

Soupe au poulet et aux champignons

Temps de préparation : 10 minutes.
Temps de cuisson : 30 minutes.
Portions : 4

Ingrédients:
- 1 litre de bouillon de légumes, faible en sodium
- 1 cuillère à soupe de gingembre râpé
- 1 oignon jaune haché
- 1 cuillère à soupe d'huile d'olive
- 1 livre de poitrine de poulet, sans peau, désossée et coupée en cubes
- ½ livre de champignons de Paris blancs, tranchés
- 4 piments thaïlandais, hachés
- ¼ tasse de jus de citron vert
- ¼ tasse de coriandre hachée
- Une pincée de poivre noir

Adresses :
1. Faites chauffer une casserole avec l'huile à feu moyen, ajoutez l'oignon, le gingembre, les piments et la viande, remuez et faites revenir pendant 5 minutes.
2. Ajoutez les champignons, remuez et laissez cuire encore 5 minutes.
3. Ajoutez le reste des ingrédients, portez à ébullition et laissez cuire à feu moyen encore 20 minutes.
4. Versez la soupe dans des bols et servez immédiatement.

Nutrition: calories 226, lipides 8,4, fibres 3,3, glucides 13,6, protéines 28,2

Poêlée Saumon-lime

Temps de préparation : 10 minutes.
Temps de cuisson : 20 minutes.
Portions : 4

Ingrédients:
- 4 filets de saumon, désossés
- 3 gousses d'ail, émincées
- 1 oignon jaune haché
- Poivre noir au goût
- 2 cuillères à soupe d'huile d'olive
- Jus d'1 citron vert
- 1 cuillère à soupe de zeste de citron vert râpé
- 1 cuillère à soupe de thym haché

Adresses :
1. Faites chauffer une poêle avec l'huile à feu moyen-vif, ajoutez l'oignon et l'ail, remuez et faites revenir pendant 5 minutes.
2. Ajoutez le poisson et faites cuire 3 minutes de chaque côté.
3. Ajoutez le reste des ingrédients, faites cuire le tout encore 10 minutes, répartissez dans des assiettes et servez pour le déjeuner.

Nutrition: calories 315, lipides 18,1, fibres 1,1, glucides 4,9, protéines 35,1

Salade de pommes de terre

Temps de préparation : 10 minutes.
Temps de cuisson : 20 minutes.
Portions : 4

Ingrédients:
- 2 tomates hachées
- 2 avocats, dénoyautés et hachés
- 2 tasses de bébés épinards
- 2 ciboulette hachée
- 1 livre de pommes de terre dorées, bouillies, pelées et coupées en quartiers
- 1 cuillère à soupe d'huile d'olive
- 1 cuillère à soupe de jus de citron
- 1 oignon jaune haché
- 2 gousses d'ail, hachées
- Poivre noir au goût
- 1 bouquet de coriandre hachée

Adresses :
1. Faites chauffer une poêle avec l'huile à feu moyen-vif, ajoutez l'oignon, la ciboulette et l'ail, remuez et faites revenir 5 minutes.
2. Ajoutez les pommes de terre, mélangez délicatement et laissez cuire encore 5 minutes.
3. Ajouter le reste des ingrédients, remuer, cuire à feu moyen encore 10 minutes, répartir dans des bols et servir pour le déjeuner.

Nutrition: calories 342, lipides 23,4, fibres 11,7, glucides 33,5, protéines 5

Poêlée de bœuf haché et tomates

Temps de préparation : 10 minutes.
Temps de cuisson : 20 minutes.
Portions : 4

Ingrédients:
- 1 livre de bœuf haché
- 1 oignon rouge haché
- 1 cuillère à soupe d'huile d'olive
- 1 tasse de tomates cerises, coupées en deux
- ½ poivron rouge haché
- Poivre noir au goût
- 1 cuillère à soupe de ciboulette hachée
- 1 cuillère à soupe de romarin haché
- 3 cuillères à soupe de bouillon de bœuf faible en sodium

Adresses :
1. Faites chauffer une poêle avec l'huile à feu moyen, ajoutez l'oignon et le poivron, remuez et faites revenir 5 minutes.
2. Ajoutez la viande, remuez et faites dorer encore 5 minutes.
3. Ajouter le reste des ingrédients, mélanger, cuire 10 minutes, répartir dans des bols et servir pour le déjeuner.

Nutrition: calories 320, lipides 11,3, fibres 4,4, glucides 18,4, protéines 9

Salade de crevettes et avocat

Temps de préparation : 5 minutes.
Temps de cuisson : 0 minutes.
Portions : 4

Ingrédients:
- 1 orange pelée et coupée en quartiers
- 1 livre de crevettes, cuites, décortiquées et déveinées
- 2 tasses de jeune roquette
- 1 avocat dénoyauté, pelé et coupé en cubes
- 2 cuillères à soupe d'huile d'olive
- 2 cuillères à soupe de vinaigre balsamique
- Jus d'une ½ orange
- Sel et poivre noir

Adresses :
1. Dans un saladier, mélangez, mélangez les crevettes avec les oranges et les autres ingrédients, mélangez et servez pour le déjeuner.

Nutrition: calories 300, lipides 5,2, fibres 2, glucides 11,4, protéines 6,7

Crème de brocoli

Temps de préparation : 10 minutes.
Temps de cuisson : 40 minutes.
Portions : 4

Ingrédients:
- 2 livres de fleurons de brocoli
- 1 oignon jaune haché
- 1 cuillère à soupe d'huile d'olive
- Poivre noir au goût
- 2 gousses d'ail, hachées
- 3 tasses de bouillon de bœuf faible en sodium
- 1 tasse de lait de coco
- 2 cuillères à soupe de coriandre hachée

Adresses :
1. Faites chauffer une casserole avec l'huile à feu moyen, ajoutez l'oignon et l'ail, remuez et faites revenir pendant 5 minutes.
2. Ajoutez le brocoli et les autres ingrédients sauf le lait de coco, portez à ébullition et laissez cuire à feu moyen encore 35 minutes.
3. Mixez la soupe au mixeur plongeant, ajoutez le lait de coco, mixez à nouveau, répartissez dans des bols et servez.

Nutrition: calories 330, lipides 11,2, fibres 9,1, glucides 16,4, protéines 9,7

Soupe aux choux

Temps de préparation : 10 minutes.
Temps de cuisson : 40 minutes.
Portions : 4

Ingrédients:
- 1 gros chou vert, râpé
- 1 oignon jaune haché
- 1 cuillère à soupe d'huile d'olive
- Poivre noir au goût
- 1 poireau haché
- 2 tasses de tomates en conserve, faibles en sodium
- 4 tasses de bouillon de poulet, faible en sodium
- 1 cuillère à soupe de coriandre hachée

Adresses :
1. Faites chauffer une casserole avec l'huile à feu moyen, ajoutez l'oignon et le poireau, remuez et laissez cuire 5 minutes.
2. Ajouter le chou et le reste des ingrédients sauf la coriandre, porter à ébullition et cuire à feu moyen pendant 35 minutes.
3. Versez la soupe dans des bols, saupoudrez de coriandre et servez.

Nutrition: calories 340, lipides 11,7, fibres 6, glucides 25,8, protéines 11,8

Soupe de céleri et chou-fleur

Temps de préparation : 10 minutes.
Temps de cuisson : 40 minutes.
Portions : 4

Ingrédients:
- 2 livres de fleurons de chou-fleur
- 1 oignon rouge haché
- 1 cuillère à soupe d'huile d'olive
- 1 tasse de purée de tomates
- Poivre noir au goût
- 1 tasse de céleri haché
- 6 tasses de bouillon de poulet faible en sodium
- 1 cuillère à soupe d'aneth haché

Adresses :
4. Faites chauffer une casserole avec l'huile à feu moyen-vif, ajoutez l'oignon et le céleri, remuez et faites revenir pendant 5 minutes.
5. Ajoutez le chou-fleur et le reste des ingrédients, portez à ébullition et laissez cuire à feu moyen encore 35 minutes.
6. Répartissez la soupe dans des bols et servez.

Nutrition: calories 135, lipides 4, fibres 8, glucides 21,4, protéines 7,7

Soupe de porc et poireaux

Temps de préparation : 10 minutes.
Temps de cuisson : 40 minutes.
Portions : 4

Ingrédients:
- 1 livre de viande de ragoût de porc, en cubes
- Poivre noir au goût
- 5 poireaux hachés
- 1 oignon jaune haché
- 2 cuillères à soupe d'huile d'olive
- 1 cuillère à soupe de persil haché
- 6 tasses de bouillon de bœuf faible en sodium

Adresses :
4. Faites chauffer une casserole avec l'huile à feu moyen-vif, ajoutez l'oignon et les poireaux, remuez et faites revenir pendant 5 minutes.
5. Ajoutez la viande, remuez et faites dorer encore 5 minutes.
6. Ajoutez le reste des ingrédients, portez à ébullition et laissez cuire à feu moyen pendant 30 minutes.
7. Versez la soupe dans des bols et servez.

Nutrition: calories 395, lipides 18,3, fibres 2,6, glucides 18,4, protéines 38,2

Salade de brocolis à la menthe et aux crevettes

Temps de préparation : 5 minutes.
Temps de cuisson : 20 minutes.
Portions : 4

Ingrédients:
- 1/3 tasse de bouillon de légumes faible en sodium
- 2 cuillères à soupe d'huile d'olive
- 2 tasses de fleurons de brocoli
- 1 livre de crevettes, décortiquées et déveinées
- Poivre noir au goût
- 1 oignon jaune haché
- 4 tomates cerises, coupées en deux
- 2 gousses d'ail, hachées
- Jus de ½ citron
- ½ tasse d'olives Kalamata, dénoyautées et coupées en deux
- 1 cuillère à soupe de menthe hachée

Adresses :
1. Faites chauffer une poêle avec l'huile à feu moyen-vif, ajoutez l'oignon et l'ail, remuez et faites revenir pendant 3 minutes.
2. Ajoutez les crevettes, remuez et laissez cuire encore 2 minutes.
3. Ajoutez le brocoli et les autres ingrédients, mélangez, faites cuire le tout 10 minutes, répartissez dans des bols et servez pour le déjeuner.

Nutrition: calories 270, lipides 11,3, fibres 4,1, glucides 14,3, protéines 28,9

Soupe de crevettes et morue

Temps de préparation : 10 minutes.
Temps de cuisson : 20 minutes.
Portions : 4

Ingrédients:
- 1 litre de bouillon de poulet faible en sodium
- ½ livre de crevettes, décortiquées et déveinées
- ½ livre de filets de morue, désossés, sans peau et coupés en cubes
- 2 cuillères à soupe d'huile d'olive
- 2 cuillères à café de poudre de chili
- 1 cuillère à café de paprika doux
- 2 échalotes hachées
- Une pincée de poivre noir
- 1 cuillère à soupe d'aneth haché

Adresses :
1. Faites chauffer une casserole avec l'huile à feu moyen, ajoutez les échalotes, remuez et faites revenir 5 minutes.
2. Ajouter les crevettes et la morue et cuire encore 5 minutes.
3. Ajoutez le reste des ingrédients, portez à ébullition et laissez cuire à feu moyen pendant 10 minutes.
4. Répartissez la soupe dans des bols et servez.

Nutrition: calories 189, lipides 8,8, fibres 0,8, glucides 3,2, protéines 24,6

Mélange de crevettes et oignons verts

Temps de préparation : 10 minutes.
Temps de cuisson : 10 minutes.
Portions : 4

Ingrédients:
- 2 livres de crevettes, décortiquées et déveinées
- 1 tasse de tomates cerises, coupées en deux
- 1 cuillère à soupe d'huile d'olive
- 4 oignons verts, hachés
- 1 cuillère à soupe de vinaigre balsamique
- 1 cuillère à soupe de ciboulette hachée

Adresses :
1. Faites chauffer une poêle avec l'huile à feu moyen, ajoutez l'oignon et les tomates cerises, remuez et faites revenir 4 minutes.
2. Ajouter les crevettes et les autres ingrédients, cuire encore 6 minutes, répartir dans les assiettes et servir.

Nutrition: calories 313, lipides 7,5, fibres 1, glucides 6,4, protéines 52,4

ragoût d'épinards

Temps de préparation : 10 minutes.
Temps de cuisson : 15 minutes.
Portions : 4

Ingrédients:
- 1 cuillère à soupe d'huile d'olive
- 1 cuillère à café de gingembre râpé
- 2 gousses d'ail, hachées
- 1 oignon jaune haché
- 2 tomates hachées
- 1 tasse de tomates en conserve, sans sel ajouté
- 1 cuillère à café de cumin moulu
- Une pincée de poivre noir
- 1 tasse de bouillon de légumes faible en sodium
- 2 livres de feuilles d'épinards

Adresses :
1. Faites chauffer une casserole avec l'huile à feu moyen, ajoutez le gingembre, l'ail et l'oignon, remuez et faites revenir pendant 5 minutes.
2. Ajouter les tomates, les tomates en conserve et les autres ingrédients, mélanger délicatement, porter à ébullition et cuire encore 10 minutes.
3. Répartissez le ragoût dans des bols et servez.

Nutrition: calories 123, lipides 4,8, fibres 7,3, glucides 17, protéines 8,2

Mélange de chou-fleur au cari

Temps de préparation : 10 minutes.
Temps de cuisson : 25 minutes.
Portions : 4

Ingrédients:
- 1 oignon rouge haché
- 1 cuillère à soupe d'huile d'olive
- 2 gousses d'ail, hachées
- 1 poivron rouge haché
- 1 poivron vert haché
- 1 cuillère à soupe de jus de citron vert
- 1 livre de fleurons de chou-fleur
- 14 onces de tomates en conserve, hachées
- 2 cuillères à café de curry en poudre
- Une pincée de poivre noir
- 2 tasses de crème de coco
- 1 cuillère à soupe de coriandre hachée

Adresses :
1. Faites chauffer une casserole avec l'huile à feu moyen, ajoutez l'oignon et l'ail, remuez et laissez cuire 5 minutes.
2. Ajoutez les poivrons et les autres ingrédients, portez le tout à ébullition et laissez cuire à feu moyen pendant 20 minutes.
3. Répartissez le tout dans des bols et servez.

Nutrition: calories 270, lipides 7,7, fibres 5,4, glucides 12,9, protéines 7

Ragoût de carottes et courgettes

Temps de préparation : 10 minutes.
Temps de cuisson : 30 minutes.
Portions : 4

Ingrédients:
- 1 oignon jaune haché
- 2 cuillères à soupe d'huile d'olive
- 2 gousses d'ail, hachées
- 4 courgettes, tranchées
- 2 carottes tranchées
- 1 cuillère à café de paprika doux
- ¼ cuillère à café de poudre de chili
- Une pincée de poivre noir
- ½ tasse de tomates hachées
- 2 tasses de bouillon de légumes faible en sodium
- 1 cuillère à soupe de ciboulette hachée
- 1 cuillère à soupe de romarin haché

Adresses :
1. Faites chauffer une casserole avec l'huile à feu moyen, ajoutez l'oignon et l'ail, remuez et faites revenir pendant 5 minutes.
2. Ajoutez les courgettes, les carottes et les autres ingrédients, portez à ébullition et laissez cuire encore 25 minutes.
3. Répartissez le ragoût dans des bols et servez immédiatement pour le déjeuner.

Nutrition: calories 272, lipides 4,6, fibres 4,7, glucides 14,9, protéines 9

Ragoût de chou et haricots verts

Temps de préparation : 10 minutes.
Temps de cuisson : 25 minutes.
Portions : 4

Ingrédients:
- 2 cuillères à soupe d'huile d'olive
- 1 chou rouge, râpé
- 1 oignon rouge haché
- 1 livre de haricots verts, parés et coupés en deux
- 2 gousses d'ail, hachées
- 7 onces de tomates en conserve, hachées sans sel ajouté
- 2 tasses de bouillon de légumes faible en sodium
- Une pincée de poivre noir
- 1 cuillère à soupe d'aneth haché

Adresses :
1. Faites chauffer une casserole avec l'huile à feu moyen, ajoutez l'oignon et l'ail, remuez et faites revenir pendant 5 minutes.
2. Ajoutez le chou et les autres ingrédients, remuez, couvrez et laissez cuire à feu moyen pendant 20 minutes.
3. Répartir dans des bols et servir pour le déjeuner.

Nutrition: calories 281, lipides 8,5, fibres 7,1, glucides 14,9, protéines 6,7

Soupe aux champignons et au chili

Temps de préparation : 5 minutes.
Temps de cuisson : 30 minutes.
Portions : 4

Ingrédients:
- 1 oignon jaune haché
- 1 cuillère à soupe d'huile d'olive
- 1 piment rouge haché
- 1 cuillère à café de poudre de chili
- ½ cuillère à café de paprika fort
- 4 gousses d'ail, émincées
- 1 livre de champignons de Paris blancs, tranchés
- 6 tasses de bouillon de légumes faible en sodium
- 1 tasse de tomates hachées
- ½ cuillère à soupe de persil haché

Adresses :
1. Faites chauffer une casserole avec l'huile à feu moyen, ajoutez l'oignon, le piment, le paprika fort, la poudre de chili et l'ail, remuez et faites revenir pendant 5 minutes.
2. Ajoutez les champignons, remuez et laissez cuire encore 5 minutes.
3. Ajoutez le reste des ingrédients, portez à ébullition et laissez cuire à feu moyen pendant 20 minutes.
4. Répartissez la soupe dans des bols et servez.

Nutrition: calories 290, lipides 6,6, fibres 4,6, glucides 16,9, protéines 10

Porc au piment

Temps de préparation : 10 minutes.
Temps de cuisson : 30 minutes.
Portions : 4

Ingrédients:
- 2 livres de porc à ragoût, en cubes
- 2 cuillères à soupe de pâte de piment
- 1 oignon jaune haché
- 2 gousses d'ail, hachées
- 1 cuillère à soupe d'huile d'olive
- 2 tasses de bouillon de bœuf faible en sodium
- 1 cuillère à soupe d'origan haché

Adresses :
1. Faites chauffer une casserole avec l'huile à feu moyen-vif, ajoutez l'oignon et l'ail, remuez et faites revenir pendant 5 minutes.
2. Ajoutez la viande et faites-la revenir encore 5 minutes.
3. Ajoutez le reste des ingrédients, portez à ébullition et laissez cuire à feu moyen encore 20 minutes.
4. Répartissez le mélange dans des bols et servez.

Nutrition: calories 363, lipides 8,6, fibres 7, glucides 17,3, protéines 18,4

Salade de champignons au paprika et au saumon

Temps de préparation : 10 minutes.
Temps de cuisson : 20 minutes.
Portions : 4

Ingrédients:
- 10 onces de saumon fumé, faible en sodium, désossé, sans peau et coupé en cubes
- 2 oignons verts, hachés
- 2 piments rouges, hachés
- 1 cuillère à soupe d'huile d'olive
- ½ cuillère à café d'origan séché
- ½ cuillère à café de paprika fumé
- Une pincée de poivre noir
- 8 onces de champignons blancs, tranchés
- 1 cuillère à soupe de jus de citron
- 1 tasse d'olives noires, dénoyautées et coupées en deux
- 1 cuillère à soupe de persil haché

Adresses :
1. Faites chauffer une poêle avec l'huile à feu moyen, ajoutez les oignons et les piments, remuez et laissez cuire 4 minutes.
2. Ajoutez les champignons, remuez et faites revenir 5 minutes.
3. Ajoutez le saumon et les autres ingrédients, remuez, faites cuire le tout encore 10 minutes, répartissez dans des bols et servez pour le déjeuner.

Nutrition: calories 321, lipides 8,5, fibres 8, glucides 22,2, protéines 13,5

Mélange de pois chiches et pommes de terre

Temps de préparation : 10 minutes.
Temps de cuisson : 30 minutes.
Portions : 4

Ingrédients:
- 2 cuillères à soupe d'huile d'olive
- 1 tasse de pois chiches en conserve, sans sel ajouté, égouttés et rincés
- 1 livre de patates douces, pelées et coupées en quartiers
- 4 gousses d'ail, émincées
- 2 échalotes hachées
- 1 tasse de tomates en conserve, non salées et hachées
- 1 cuillère à café de coriandre moulue
- 2 tomates hachées
- 1 tasse de bouillon de légumes faible en sodium
- Une pincée de poivre noir
- 1 cuillère à soupe de jus de citron
- 1 cuillère à soupe de coriandre hachée

Adresses :
1. Faites chauffer une casserole avec l'huile à feu moyen, ajoutez les échalotes et l'ail, remuez et faites revenir pendant 5 minutes.
2. Ajouter les pois chiches, les pommes de terre et les autres ingrédients, porter à ébullition et cuire à feu moyen pendant 25 minutes.

3. Répartissez le tout dans des bols et servez pour le déjeuner.

Nutrition: calories 341, lipides 11,7, fibres 6, glucides 14,9, protéines 18,7

Mélange de poulet à la cardamome

Temps de préparation : 10 minutes.
Temps de cuisson : 30 minutes.
Portions : 4

Ingrédients:
- 1 cuillère à soupe d'huile d'olive
- 1 livre de poitrine de poulet, sans peau, désossée et coupée en cubes
- 1 échalote hachée
- 1 cuillère à soupe de gingembre râpé
- 2 gousses d'ail, hachées
- 1 cuillère à café de cardamome moulue
- ½ cuillère à café de poudre de curcuma
- 1 cuillère à café de jus de citron vert
- 1 tasse de bouillon de poulet faible en sodium
- 1 cuillère à soupe de coriandre hachée

Adresses :
1. Faites chauffer une casserole avec l'huile à feu moyen-vif, ajoutez l'échalote, le gingembre, l'ail, la cardamome et le curcuma, remuez et faites revenir pendant 5 minutes.
2. Ajoutez la viande et faites-la revenir 5 minutes.
3. Ajoutez le reste des ingrédients, portez le tout à ébullition et laissez cuire 20 minutes.
4. Répartissez le mélange dans des bols et servez.

Nutrition: calories 175, lipides 6,5, fibres 0,5, glucides 3,3, protéines 24,7

Chili aux lentilles

Temps de préparation : 10 minutes.
Temps de cuisson : 35 minutes.
Portions : 6

Ingrédients:
- 1 poivron vert haché
- 1 cuillère à soupe d'huile d'olive
- 2 ciboulette hachée
- 2 gousses d'ail, hachées
- 24 onces de lentilles en conserve, sans sel ajouté, égouttées et rincées
- 2 tasses de bouillon de légumes
- 2 cuillères à soupe de poudre de chili doux
- ½ cuillère à café de poudre de chipotle
- 30 onces de tomates en conserve, sans sel ajouté, hachées
- Une pincée de poivre noir

Adresses :
1. Faites chauffer une casserole avec l'huile à feu moyen, ajoutez l'oignon et l'ail, remuez et faites revenir pendant 5 minutes.
2. Ajoutez le poivron, les lentilles et les autres ingrédients, portez à ébullition et laissez cuire à feu moyen pendant 30 minutes.
3. Répartissez le chili dans des bols et servez pour le déjeuner.

Nutrition:calories 466, lipides 5, fibres 37,6, glucides 77,9, protéines 31,2

Endives au romarin

Temps de préparation : 10 minutes.
Temps de cuisson : 20 minutes.
Portions : 4

Ingrédients:
- 2 endives, coupées en deux dans le sens de la longueur
- 2 cuillères à soupe d'huile d'olive
- 1 cuillère à café de romarin séché
- ½ cuillère à café de poudre de curcuma
- Une pincée de poivre noir

Adresses :
1. Dans un plat allant au four, mélanger les endives avec l'huile et les autres ingrédients, mélanger délicatement, mettre au four et cuire à 400 degrés F pendant 20 minutes.
2. Répartir dans les assiettes et servir en garniture.

Nutrition: calories 66, lipides 7,1, fibres 1, glucides 1,2, protéines 0,3

endives au citron

Temps de préparation : 10 minutes.
Temps de cuisson : 20 minutes.
Portions : 4

Ingrédients:
- 4 endives, coupées en deux dans le sens de la longueur
- 1 cuillère à soupe de jus de citron
- 1 cuillère à soupe de zeste de citron râpé
- 2 cuillères à soupe de parmesan râpé sans gras
- 2 cuillères à soupe d'huile d'olive
- Une pincée de poivre noir

Adresses :
1. Dans un plat allant au four, mélanger les endives avec le jus de citron et le reste des ingrédients sauf le parmesan et mélanger.
2. Saupoudrez le dessus de parmesan, faites cuire les endives à 400 degrés F pendant 20 minutes, répartissez dans les assiettes et servez en accompagnement.

Nutrition: calories 71, lipides 7,1, fibres 0,9, glucides 2,3, protéines 0,9

Asperges au pesto

Temps de préparation : 10 minutes.
Temps de cuisson : 20 minutes.
Portions : 4

Ingrédients:
- 1 livre d'asperges, hachées
- 2 cuillères à soupe de pesto de basilic
- 1 cuillère à soupe de jus de citron
- Une pincée de poivre noir
- 3 cuillères à soupe d'huile d'olive
- 2 cuillères à soupe de coriandre hachée

Adresses :
1. Disposez les asperges sur une plaque à pâtisserie tapissée, ajoutez le pesto et les autres ingrédients, mélangez, mettez au four et faites cuire à 400 degrés F pendant 20 minutes.
2. Répartir dans les assiettes et servir en garniture.

Nutrition: calories 114, lipides 10,7, fibres 2,4, glucides 4,6, protéines 2,6

Carottes au paprika

Temps de préparation : 10 minutes.
Temps de cuisson : 30 minutes.
Portions : 4

Ingrédients:
- 1 livre de mini-carottes, hachées
- 1 cuillère à soupe de paprika doux
- 1 cuillère à café de jus de citron vert
- 3 cuillères à soupe d'huile d'olive
- Une pincée de poivre noir
- 1 cuillère à café de sésame

Adresses :
1. Placer les carottes sur une plaque à pâtisserie tapissée, ajouter le paprika et le reste des ingrédients sauf les graines de sésame, mélanger, mettre au four et cuire au four à 400 degrés F pendant 30 minutes.
2. Répartir les carottes dans les assiettes, saupoudrer de graines de sésame et servir en garniture.

Nutrition: calories 142, lipides 11,3, fibres 4,1, glucides 11,4, protéines 1,2

Poêlée de pommes de terre crémeuse

Temps de préparation : 10 minutes.
Temps de cuisson : 1 heure.
Portions : 8

Ingrédients:
- 1 livre de pommes de terre dorées, pelées et coupées en quartiers
- 2 cuillères à soupe d'huile d'olive
- 1 oignon rouge haché
- 2 gousses d'ail, hachées
- 2 tasses de crème de coco
- 1 cuillère à soupe de thym haché
- ¼ cuillère à café de muscade moulue
- ½ tasse de parmesan faible en gras râpé

Adresses :
1. Faites chauffer une poêle avec l'huile à feu moyen, ajoutez l'oignon et l'ail et faites revenir 5 minutes.
2. Ajoutez les pommes de terre et faites-les revenir encore 5 minutes.
3. Ajoutez la crème et le reste des ingrédients, remuez délicatement, portez à ébullition et laissez cuire encore 40 minutes à feu moyen.
4. Répartissez le mélange dans les assiettes et servez en garniture.

Nutrition: calories 230, lipides 19,1, fibres 3,3, glucides 14,3, protéines 3,6

chou au sésame

Temps de préparation : 10 minutes.
Temps de cuisson : 20 minutes.
Portions : 4

Ingrédients:
- 1 livre de chou vert, râpé
- 2 cuillères à soupe d'huile d'olive
- Une pincée de poivre noir
- 1 échalote hachée
- 2 gousses d'ail, hachées
- 2 cuillères à soupe de vinaigre balsamique
- 2 cuillères à café de paprika fort
- 1 cuillère à café de sésame

Adresses :
1. Faites chauffer une poêle avec l'huile à feu moyen, ajoutez l'échalote et l'ail et faites revenir 5 minutes.
2. Ajouter le chou et les autres ingrédients, remuer, cuire à feu moyen pendant 15 minutes, répartir dans les assiettes et servir.

Nutrition: calories 101, lipides 7,6, fibres 3,4, glucides 84, protéines 1,9

Brocoli à la coriandre

Temps de préparation : 10 minutes.
Temps de cuisson : 30 minutes.
Portions : 4

Ingrédients:
- 2 cuillères à soupe d'huile d'olive
- 1 livre de fleurons de brocoli
- 2 gousses d'ail, hachées
- 2 cuillères à soupe de sauce chili
- 1 cuillère à soupe de jus de citron
- Une pincée de poivre noir
- 2 cuillères à soupe de coriandre hachée

Adresses :
1. Dans un plat allant au four, mélanger le brocoli avec l'huile, l'ail et les autres ingrédients, mélanger un peu, mettre au four et cuire au four à 400 degrés F pendant 30 minutes.
2. Répartissez le mélange dans les assiettes et servez en garniture.

Nutrition: calories 103, lipides 7,4, fibres 3, glucides 8,3, protéines 3,4

Choux de Bruxelles au piment

Temps de préparation : 10 minutes.
Temps de cuisson : 25 minutes.
Portions : 4

Ingrédients:
- 1 cuillère à soupe d'huile d'olive
- 1 livre de choux de Bruxelles, parés et coupés en deux
- 2 gousses d'ail, hachées
- ½ tasse de mozzarella écrémée, râpée
- Pincée de flocons de piment, écrasés

Adresses :
1. Dans un plat allant au four, mélanger les pousses avec l'huile et les autres ingrédients sauf le fromage et mélanger.
2. Saupoudrer le fromage, mettre au four et cuire au four à 400 degrés F pendant 25 minutes.
3. Répartir dans les assiettes et servir en garniture.

Nutrition: calories 91, lipides 4,5, fibres 4,3, glucides 10,9, protéines 5

Mélange de choux de Bruxelles et oignons verts

Temps de préparation : 10 minutes.
Temps de cuisson : 25 minutes.
Portions : 4

Ingrédients:
- 2 cuillères à soupe d'huile d'olive
- 1 livre de choux de Bruxelles, parés et coupés en deux
- 3 oignons verts, hachés
- 2 gousses d'ail, hachées
- 1 cuillère à soupe de vinaigre balsamique
- 1 cuillère à soupe de paprika doux
- Une pincée de poivre noir

Adresses :
1. Sur une plaque à pâtisserie, mélanger les choux de Bruxelles avec l'huile et les autres ingrédients, mélanger et cuire au four à 400 degrés F pendant 25 minutes.
2. Répartissez le mélange dans les assiettes et servez.

Nutrition: calories 121, lipides 7,6, fibres 5,2, glucides 12,7, protéines 4,4

Purée de chou-fleur

Temps de préparation : 10 minutes.
Temps de cuisson : 25 minutes.
Portions : 4

Ingrédients:
- 2 livres de fleurons de chou-fleur
- ½ tasse de lait de coco
- Une pincée de poivre noir
- ½ tasse de crème sure faible en gras
- 1 cuillère à soupe de coriandre hachée
- 1 cuillère à soupe de ciboulette hachée

Adresses :
1. Mettez le chou-fleur dans une casserole, couvrez d'eau, portez à ébullition à feu moyen, laissez cuire 25 minutes et égouttez.
2. Écrasez le chou-fleur, ajoutez le lait, le poivre noir et la crème, battez bien, répartissez dans des assiettes, saupoudrez le reste des ingrédients et servez.

Nutrition: calories 188, lipides 13,4, fibres 6,4, glucides 15, protéines 6,1

Salade d'avocats

Temps de préparation : 5 minutes.
Temps de cuisson : 0 minutes.
Portions : 4

Ingrédients:
- 2 cuillères à soupe d'huile d'olive
- 2 avocats pelés, dénoyautés et coupés en quartiers
- 1 tasse d'olives Kalamata, dénoyautées et coupées en deux
- 1 tasse de tomates en dés
- 1 cuillère à soupe de gingembre râpé
- Une pincée de poivre noir
- 2 tasses de jeune roquette
- 1 cuillère à soupe de vinaigre balsamique

Adresses :
1. Dans un bol, mélanger les avocats avec le kalamata et les autres ingrédients, mélanger et servir en garniture.

Nutrition: calories 320, lipides 30,4, fibres 8,7, glucides 13,9, protéines 3

Salade de radis

Temps de préparation : 5 minutes.
Temps de cuisson : 0 minutes.
Portions : 4

Ingrédients:
- 2 oignons verts, tranchés
- 1 livre de radis, en cubes
- 2 cuillères à soupe de vinaigre balsamique
- 2 cuillères à soupe d'huile d'olive
- 1 cuillère à café de poudre de chili
- 1 tasse d'olives noires, dénoyautées et coupées en deux
- Une pincée de poivre noir

Adresses :
1. Dans un grand saladier, mélanger les radis avec les oignons et les autres ingrédients, mélanger et servir en garniture.

Nutrition: calories 123, lipides 10,8, fibres 3,3, glucides 7, protéines 1,3

Salade d'endives au citron

Temps de préparation : 5 minutes.
Temps de cuisson : 0 minutes.
Portions : 4

Ingrédients:
- 2 endives, râpées
- 1 cuillère à soupe d'aneth haché
- ¼ tasse de jus de citron
- ¼ tasse d'huile d'olive
- 2 tasses de bébés épinards
- 2 tomates, coupées en cubes
- 1 concombre tranché
- ½ tasse de noix hachées

Adresses :
1. Dans un grand bol, mélanger les endives avec les épinards et les autres ingrédients, mélanger et servir en garniture.

Nutrition: calories 238, lipides 22,3, fibres 3,1, glucides 8,4, protéines 5,7

Mélange d'olives et de maïs

Temps de préparation : 5 minutes.
Temps de cuisson : 0 minutes.
Portions : 4

Ingrédients:
- 2 cuillères à soupe d'huile d'olive
- 1 cuillère à soupe de vinaigre balsamique
- Une pincée de poivre noir
- 4 tasses de maïs
- 2 tasses d'olives noires, dénoyautées et coupées en deux
- 1 oignon rouge haché
- ½ tasse de tomates cerises, coupées en deux
- 1 cuillère à soupe de basilic haché
- 1 cuillère à soupe de jalapeño haché
- 2 tasses de laitue romaine, râpée

Adresses :
1. Dans un grand bol, mélanger le maïs avec les olives, la laitue et les autres ingrédients, bien mélanger, répartir dans les assiettes et servir en garniture.

Nutrition: calories 290, lipides 16,1, fibres 7,4, glucides 37,6, protéines 6,2

Salade de roquette et pignons de pin

Temps de préparation : 5 minutes.
Temps de cuisson : 0 minutes.
Portions : 4

Ingrédients:
- ¼ tasse de graines de grenade
- 5 tasses de jeune roquette
- 6 cuillères à soupe d'oignons verts hachés
- 1 cuillère à soupe de vinaigre balsamique
- 2 cuillères à soupe d'huile d'olive
- 3 cuillères à soupe de pignons de pin
- ½ échalote hachée

Adresses :
1. Dans un saladier, mélangez la roquette avec la grenade et les autres ingrédients, mélangez et servez.

Nutrition: calories 120, lipides 11,6, fibres 0,9, glucides 4,2, protéines 1,8

Amandes et épinards

Temps de préparation : 10 minutes.
Temps de cuisson : 0 minutes.
Portions : 4

Ingrédients:
- 2 cuillères à soupe d'huile d'olive
- 2 avocats pelés, dénoyautés et coupés en quartiers
- 3 tasses de bébés épinards
- ¼ tasse d'amandes grillées et hachées
- 1 cuillère à soupe de jus de citron
- 1 cuillère à soupe de coriandre hachée

Adresses :
1. Dans un bol, mélanger les avocats avec les amandes, les épinards et les autres ingrédients, mélanger et servir en garniture.

Nutrition: calories 181, lipides 4, fibres 4,8, glucides 11,4, protéines 6

Salade de haricots verts et de maïs

Temps de préparation : 4 minutes.
Temps de cuisson : 0 minutes.
Portions : 4

Ingrédients:
- Jus d'1 citron vert
- 2 tasses de laitue romaine, râpée
- 1 tasse de maïs
- ½ livre de haricots verts, blanchis et coupés en deux
- 1 concombre haché
- 1/3 tasse de ciboulette hachée

Adresses :
1. Dans un bol, mélanger les haricots verts avec le maïs et les autres ingrédients, mélanger et servir.

Nutrition: calories 225, lipides 12, fibres 2,4, glucides 11,2, protéines 3,5

Salade d'endives et chou frisé

Temps de préparation : 4 minutes.
Temps de cuisson : 0 minutes.
Portions : 4

Ingrédients:
- 3 cuillères à soupe d'huile d'olive
- 2 endives coupées et râpées
- 2 cuillères à soupe de jus de citron vert
- 1 cuillère à soupe de zeste de citron vert râpé
- 1 oignon rouge tranché
- 1 cuillère à soupe de vinaigre balsamique
- 1 livre de chou frisé, déchiré
- Une pincée de poivre noir

Adresses :
1. Dans un bol, mélanger les endives avec le chou frisé et les autres ingrédients, bien mélanger et servir froid en garniture.

Nutrition: calories 270, lipides 11,4, fibres 5, glucides 14,3, protéines 5,7

Salade d'edamames

Temps de préparation : 5 minutes.
Temps de cuisson : 6 minutes.
Portions : 4

Ingrédients:
- 2 cuillères à soupe d'huile d'olive
- 2 cuillères à soupe de vinaigre balsamique
- 2 gousses d'ail, hachées
- 3 tasses d'edamames, pelés
- 1 cuillère à soupe de ciboulette hachée
- 2 échalotes hachées

Adresses :
1. Faites chauffer une poêle avec l'huile à feu moyen, ajoutez les edamames, l'ail et les autres ingrédients, remuez, laissez cuire 6 minutes, répartissez dans des assiettes et servez.

Nutrition: calories 270, lipides 8,4, fibres 5,3, glucides 11,4, protéines 6

Salade de raisins et d'avocat

Temps de préparation : 5 minutes.
Temps de cuisson : 0 minutes.
Portions : 4

Ingrédients:
- 2 tasses de bébés épinards
- 2 avocats pelés, dénoyautés et coupés en cubes
- 1 concombre tranché
- 1 tasse et ½ de raisins verts, coupés en deux
- 2 cuillères à soupe d'huile d'avocat
- 1 cuillère à soupe de vinaigre de cidre
- 2 cuillères à soupe de persil haché
- Une pincée de poivre noir

Adresses :
1. Dans un saladier, mélanger les pousses d'épinards avec les avocats et les autres ingrédients, mélanger et servir.

Nutrition: calories 277, lipides 11,4, fibres 5, glucides 14,6, protéines 4

Mélange d'aubergines à l'origan

Temps de préparation : 10 minutes.
Temps de cuisson : 20 minutes.
Portions : 4

Ingrédients:
- 2 grosses aubergines coupées en cubes
- 1 cuillère à soupe d'origan haché
- ½ tasse de parmesan faible en gras râpé
- ¼ cuillère à café de poudre d'ail
- 2 cuillères à soupe d'huile d'olive
- Une pincée de poivre noir

Adresses :
1. Dans un plat allant au four, mélanger les aubergines avec l'origan et les autres ingrédients sauf le fromage et mélanger.
2. Saupoudrer de parmesan, mettre au four et cuire au four à 370 degrés F pendant 20 minutes.
3. Répartir dans les assiettes et servir en garniture.

Nutrition: calories 248, lipides 8,4, fibres 4, glucides 14,3, protéines 5,4

Mélange de tomates au four

Temps de préparation : 10 minutes.
Temps de cuisson : 20 minutes.
Portions : 4

Ingrédients:
- 2 livres de tomates, coupées en deux
- 1 cuillère à soupe de basilic haché
- 3 cuillères à soupe d'huile d'olive
- Le zeste d'1 citron râpé
- 3 gousses d'ail, émincées
- ¼ tasse de parmesan faible en gras, râpé
- Une pincée de poivre noir

Adresses :
1. Dans un plat allant au four, mélanger les tomates avec le basilic et le reste des ingrédients sauf le fromage et mélanger.
2. Saupoudrer de parmesan, mettre au four à 375 degrés F pendant 20 minutes, répartir dans les assiettes et servir en accompagnement.

Nutrition: calories 224, lipides 12, fibres 4,3, glucides 10,8, protéines 5,1

champignons au thym

Temps de préparation : 10 minutes.
Temps de cuisson : 30 minutes.
Portions : 4

Ingrédients:
- 2 livres de champignons blancs, coupés en deux
- 4 gousses d'ail, émincées
- 2 cuillères à soupe d'huile d'olive
- 1 cuillère à soupe de thym haché
- 2 cuillères à soupe de persil haché
- Poivre noir au goût

Adresses :
1. Dans un plat allant au four, mélanger les champignons avec l'ail et les autres ingrédients, mélanger, mettre au four et cuire à 400 degrés F pendant 30 minutes.
2. Répartir dans les assiettes et servir en garniture.

Nutrition: calories 251, lipides 9,3, fibres 4, glucides 13,2, protéines 6

Sauté d'épinards et de maïs

Temps de préparation : 10 minutes.
Temps de cuisson : 15 minutes.
Portions : 4

Ingrédients:
- 1 tasse de maïs
- 1 livre de feuilles d'épinards
- 1 cuillère à café de paprika doux
- 1 cuillère à soupe d'huile d'olive
- 1 oignon jaune haché
- ½ tasse de basilic, haché
- Une pincée de poivre noir
- ½ cuillère à café de flocons de piment rouge

Adresses :
1. Faites chauffer une poêle avec l'huile à feu moyen-vif, ajoutez l'oignon, remuez et faites revenir pendant 5 minutes.
2. Ajouter le maïs, les épinards et les autres ingrédients, remuer, cuire à feu moyen encore 10 minutes, répartir dans les assiettes et servir.

Nutrition: calories 201, lipides 13,1, fibres 2,5, glucides 14,4, protéines 3,7

Sauté de Maïs et Ciboulette

Temps de préparation : 10 minutes.
Temps de cuisson : 15 minutes.
Portions : 4

Ingrédients:
- 4 tasses de maïs
- 1 cuillère à soupe d'huile d'avocat
- 2 échalotes hachées
- 1 cuillère à café de poudre de chili
- 2 cuillères à soupe de concentré de tomate, sans sel ajouté
- 3 ciboulette hachée
- Une pincée de poivre noir

Adresses :
1. Faites chauffer une poêle avec l'huile à feu moyen-vif, ajoutez les oignons verts et la poudre de chili, remuez et faites revenir pendant 5 minutes.
2. Ajouter le maïs et les autres ingrédients, remuer, cuire encore 10 minutes, répartir dans les assiettes et servir en garniture.

Nutrition: calories 259, lipides 11,1, fibres 2,6, glucides 13,2, protéines 3,5

Salade d'épinards et de mangue

Temps de préparation : 10 minutes.
Temps de cuisson : 0 minutes.
Portions : 4

Ingrédients:
- 1 tasse de mangue, pelée et coupée en cubes
- 4 tasses de bébés épinards
- 1 cuillère à soupe d'huile d'olive
- 2 ciboulette hachée
- 1 cuillère à soupe de jus de citron
- 1 cuillère à soupe de câpres, égouttées, sans sel ajouté
- 1/3 tasse d'amandes hachées

Adresses :
1. Dans un bol, mélangez les épinards avec la mangue et les autres ingrédients, mélangez et servez.

Nutrition: calories 200, lipides 7,4, fibres 3, glucides 4,7, protéines 4,4

Pommes de terre à la moutarde

Temps de préparation : 5 minutes.
Temps de cuisson : 1 heure.
Portions : 4

Ingrédients:
- 1 livre de pommes de terre dorées, pelées et coupées en quartiers
- 2 cuillères à soupe d'huile d'olive
- Une pincée de poivre noir
- 2 cuillères à soupe de romarin haché
- 1 cuillère à soupe de moutarde de Dijon
- 2 gousses d'ail, hachées

Adresses :
1. Sur une plaque à pâtisserie, mélanger les pommes de terre avec l'huile et les autres ingrédients, mélanger, mettre au four à 400 degrés F et cuire au four environ 1 heure.
2. Répartir dans les assiettes et servir immédiatement en garniture.

Nutrition: calories 237, lipides 11,5, fibres 6,4, glucides 14,2, protéines 9

Choux de Bruxelles à la noix de coco

Temps de préparation : 5 minutes.
Temps de cuisson : 30 minutes.
Portions : 4

Ingrédients:
- 1 livre de choux de Bruxelles, parés et coupés en deux
- 1 tasse de crème de coco
- 1 cuillère à soupe d'huile d'olive
- 2 échalotes hachées
- Une pincée de poivre noir
- ½ tasse de noix de cajou hachées

Adresses :
1. Dans une rôtissoire, mélanger les pousses avec la crème et le reste des ingrédients, mélanger et cuire au four 30 minutes à 350 degrés F.
2. Répartir dans les assiettes et servir en garniture.

Nutrition: calories 270, lipides 6,5, fibres 5,3, glucides 15,9, protéines 3,4

carottes à la sauge

Temps de préparation : 10 minutes.
Temps de cuisson : 30 minutes.
Portions : 4

Ingrédients:
- 2 cuillères à soupe d'huile d'olive
- 2 cuillères à café de paprika doux
- 1 livre de carottes, pelées et coupées en dés
- 1 oignon rouge haché
- 1 cuillère à soupe de sauge hachée
- Une pincée de poivre noir

Adresses :
1. Sur une plaque à pâtisserie, mélanger les carottes avec l'huile et les autres ingrédients, mélanger et cuire au four à 380 degrés F pendant 30 minutes.
2. Répartir dans les assiettes et servir.

Nutrition: calories 200, lipides 8,7, fibres 2,5, glucides 7,9, protéines 4

Champignons à l'ail et au maïs

Temps de préparation : 10 minutes.
Temps de cuisson : 20 minutes.
Portions : 4

Ingrédients:
- 1 livre de champignons de Paris blancs, coupés en deux
- 2 tasses de maïs
- 2 cuillères à soupe d'huile d'olive
- 4 gousses d'ail, émincées
- 1 tasse de tomates en conserve, sans sel ajouté, hachées
- Une pincée de poivre noir
- ½ cuillère à café de poudre de chili

Adresses :
1. Faites chauffer une poêle avec l'huile à feu moyen, ajoutez les champignons, l'ail et le maïs, remuez et faites revenir 10 minutes.
2. Ajouter le reste des ingrédients, remuer, cuire à feu moyen encore 10 minutes, répartir dans les assiettes et servir.

Nutrition: calories 285, lipides 13, fibres 2,2, glucides 14,6, protéines 6,7.

Haricots verts au pesto

Temps de préparation : 10 minutes.
Temps de cuisson : 15 minutes.
Portions : 4

Ingrédients:
- 2 cuillères à soupe de pesto de basilic
- 2 cuillères à café de paprika doux
- 1 livre de haricots verts, parés et coupés en deux
- Jus de 1 citron
- 2 cuillères à soupe d'huile d'olive
- 1 oignon rouge tranché
- Une pincée de poivre noir

Adresses :
1. Faites chauffer une poêle avec l'huile à feu moyen-vif, ajoutez l'oignon, remuez et faites revenir pendant 5 minutes.
2. Ajouter les haricots et le reste des ingrédients, remuer, cuire à feu moyen pendant 10 minutes, répartir dans les assiettes et servir.

Nutrition: calories 280, lipides 10, fibres 7,6, glucides 13,9, protéines 4,7

Tomates à l'estragon

Temps de préparation : 5 minutes.
Temps de cuisson : 0 minutes.
Portions : 4

Ingrédients:
- 1 et ½ cuillère à soupe d'huile d'olive
- 1 livre de tomates, coupées en quartiers
- 1 cuillère à soupe de jus de citron vert
- 1 cuillère à soupe de zeste de citron vert râpé
- 2 cuillères à soupe d'estragon haché
- Une pincée de poivre noir

Adresses :
1. Dans un bol, mélanger les tomates avec les autres ingrédients, mélanger et servir en salade.

Nutrition: calories 170, lipides 4, fibres 2,1, glucides 11,8, protéines 6

betterave aux amandes

Temps de préparation : 10 minutes.
Temps de cuisson : 30 minutes.
Portions : 4

Ingrédients:
- 4 betteraves pelées et coupées en quartiers
- 3 cuillères à soupe d'huile d'olive
- 2 cuillères à soupe d'amandes hachées
- 2 cuillères à soupe de vinaigre balsamique
- Une pincée de poivre noir
- 2 cuillères à soupe de persil haché

Adresses :
1. Dans un plat allant au four, mélanger les betteraves avec l'huile et les autres ingrédients, mélanger, mettre au four et cuire au four à 400 degrés F pendant 30 minutes.
2. Répartissez le mélange dans les assiettes et servez.

Nutrition: calories 230, lipides 11, fibres 4,2, glucides 7,3, protéines 3,6

Tomates Menthe et Maïs

Temps de préparation : 5 minutes.
Temps de cuisson : 0 minutes.
Portions : 4

Ingrédients:
- 2 cuillères à soupe de menthe hachée
- 1 livre de tomates, coupées en quartiers
- 2 tasses de maïs
- 2 cuillères à soupe d'huile d'olive
- 1 cuillère à soupe de vinaigre de romarin
- Une pincée de poivre noir

Adresses :
1. Dans un saladier, mélangez les tomates avec le maïs et les autres ingrédients, mélangez et servez.

Apprécier!

Nutrition: calories 230, lipides 7,2, fibres 2, glucides 11,6, protéines 4

Sauce courgettes et avocat

Temps de préparation : 5 minutes.
Temps de cuisson : 10 minutes.
Portions : 4

Ingrédients:
- 2 cuillères à soupe d'huile d'olive
- 2 courgettes, coupées en cubes
- 1 avocat pelé, dénoyauté et coupé en cubes
- 2 tomates, coupées en cubes
- 1 concombre en cubes
- 1 oignon jaune haché
- 2 cuillères à soupe de jus de citron vert frais
- 2 cuillères à soupe de coriandre hachée

Adresses :
1. Faites chauffer une poêle avec l'huile à feu moyen, ajoutez l'oignon et la courgette, remuez et laissez cuire 5 minutes.
2. Ajouter le reste des ingrédients, mélanger, cuire encore 5 minutes, répartir dans des assiettes et servir.

Nutrition: calories 290, lipides 11,2, fibres 6,1, glucides 14,7, protéines 5,6

Mélange de pommes et choux

Temps de préparation : 5 minutes.
Temps de cuisson : 0 minutes.
Portions : 4

Ingrédients:
- 2 pommes vertes, épépinées et coupées en cubes
- 1 chou rouge, râpé
- 2 cuillères à soupe de vinaigre balsamique
- ½ cuillère à café de graines de carvi
- 2 cuillères à soupe d'huile d'olive
- Poivre noir au goût

Adresses :
1. Dans un bol, mélanger le chou avec les pommes et les autres ingrédients, mélanger et servir en salade.

Nutrition: calories 165, lipides 7,4, fibres 7,3, glucides 26, protéines 2,6

Betteraves rôties

Temps de préparation : 10 minutes.
Temps de cuisson : 30 minutes.
Portions : 4

Ingrédients:
- 4 betteraves pelées et coupées en quartiers
- 2 cuillères à soupe d'huile d'olive
- 2 gousses d'ail, hachées
- Une pincée de poivre noir
- ¼ tasse de persil haché
- ¼ tasse de noix hachées

Adresses :
1. Dans un plat allant au four, mélanger les betteraves avec l'huile et le reste des ingrédients, mélanger pour enrober, placer au four à 420 degrés F, cuire au four pendant 30 minutes, répartir dans les assiettes et servir comme plat d'accompagnement.

Nutrition: calories 156, lipides 11,8, fibres 2,7, glucides 11,5, protéines 3,8

Chou à l'aneth

Temps de préparation : 10 minutes.
Temps de cuisson : 15 minutes.
Portions : 4

Ingrédients:
- 1 livre de chou vert, râpé
- 1 oignon jaune haché
- 1 tomate en dés
- 1 cuillère à soupe d'aneth haché
- Une pincée de poivre noir
- 1 cuillère à soupe d'huile d'olive

Adresses :
1. Faites chauffer une poêle avec l'huile à feu moyen, ajoutez l'oignon et faites revenir 5 minutes.
2. Ajouter le chou et le reste des ingrédients, remuer, cuire à feu moyen pendant 10 minutes, répartir dans les assiettes et servir.

Nutrition: calories 74, lipides 3,7, fibres 3,7, glucides 10,2, protéines 2,1

Salade de chou et carotte

Temps de préparation : 5 minutes.
Temps de cuisson : 0 minutes.
Portions : 4

Ingrédients:
- 2 échalotes hachées
- 2 carottes râpées
- 1 gros chou rouge, râpé
- 1 cuillère à soupe d'huile d'olive
- 1 cuillère à soupe de vinaigre rouge
- Une pincée de poivre noir
- 1 cuillère à soupe de jus de citron vert

Adresses :
1. Dans un bol, mélangez le chou avec les échalotes et les autres ingrédients, mélangez et servez en garniture.

Nutrition: calories 106, lipides 3,8, fibres 6,5, glucides 18, protéines 3,3

Sauce aux tomates et aux olives

Temps de préparation : 10 minutes.
Temps de cuisson : 0 minutes.
Portions : 6

Ingrédients:
- 1 livre de tomates cerises, coupées en deux
- 2 cuillères à soupe d'huile d'olive
- 1 tasse d'olives Kalamata, dénoyautées et coupées en deux
- Une pincée de poivre noir
- 1 oignon rouge haché
- 1 cuillère à soupe de vinaigre balsamique
- ¼ tasse de coriandre hachée

Adresses :
1. Dans un bol, mélanger les tomates avec les olives et les autres ingrédients, mélanger et servir en garniture.

Nutrition: calories 131, lipides 10,9, fibres 3,1, glucides 9,2, protéines 1,6

Salade de courgettes

Temps de préparation : 4 minutes.
Temps de cuisson : 0 minutes.
Portions : 4

Ingrédients:
- 2 courgettes, spiralées
- 1 oignon rouge tranché
- 1 cuillère à soupe de pesto de basilic
- 1 cuillère à soupe de jus de citron
- 1 cuillère à soupe d'huile d'olive
- ½ tasse de coriandre hachée
- Poivre noir au goût

Adresses :
1. Dans un saladier, mélangez les courgettes avec l'oignon et les autres ingrédients, mélangez et servez.

Nutrition: calories 58, lipides 3,8, fibres 1,8, glucides 6, protéines 1,6

Salade de carottes au curry

Temps de préparation : 4 minutes.
Temps de cuisson : 0 minutes.
Portions : 4

Ingrédients:
- 1 livre de carottes, pelées et râpées
- 2 cuillères à soupe d'huile d'avocat
- 2 cuillères à soupe de jus de citron
- 3 cuillères à soupe de graines de sésame
- ½ cuillère à café de curry en poudre
- 1 cuillère à café de romarin séché
- ½ cuillère à café de cumin moulu

Adresses :
1. Dans un bol, mélangez les carottes avec l'huile, le jus de citron et les autres ingrédients, mélangez et servez froid en garniture.

Nutrition: calories 99, lipides 4,4, fibres 4,2, glucides 13,7, protéines 2,4

Salade de laitue et betterave

Temps de préparation : 5 minutes.
Temps de cuisson : 0 minutes.
Portions : 4

Ingrédients:
- 1 cuillère à soupe de gingembre râpé
- 2 gousses d'ail, hachées
- 4 tasses de laitue romaine, hachée
- 1 betterave pelée et râpée
- 2 oignons verts, hachés
- 1 cuillère à soupe de vinaigre balsamique
- 1 cuillère à soupe de graines de sésame

Adresses :
1. Dans un bol, mélanger la laitue avec le gingembre, l'ail et les autres ingrédients, mélanger et servir en garniture.

Nutrition: calories 42, lipides 1,4, fibres 1,5, glucides 6,7, protéines 1,4

Radis aux herbes

Temps de préparation : 5 minutes.
Temps de cuisson : 0 minutes.
Portions : 4

Ingrédients:
- 1 livre de radis rouges, coupés en dés
- 1 cuillère à soupe de ciboulette hachée
- 1 cuillère à soupe de persil haché
- 1 cuillère à soupe d'origan haché
- 2 cuillères à soupe d'huile d'olive
- 1 cuillère à soupe de jus de citron vert
- Poivre noir au goût

Adresses :
1. Dans un saladier, mélangez les radis avec la ciboulette et les autres ingrédients, mélangez et servez.

Nutrition: calories 85, lipides 7,3, fibres 2,4, glucides 5,6, protéines 1

Mélange de fenouil au four

Temps de préparation : 5 minutes.
Temps de cuisson : 20 minutes.
Portions : 4

Ingrédients:
- 2 bulbes de fenouil, tranchés
- 1 cuillère à café de paprika doux
- 1 petit oignon rouge, tranché
- 2 cuillères à soupe d'huile d'olive
- 2 cuillères à soupe de jus de citron vert
- 2 cuillères à soupe d'aneth haché
- Poivre noir au goût

Adresses :
1. Dans une rôtissoire, mélanger le fenouil avec le paprika et les autres ingrédients, mélanger et cuire au four à 380 degrés F pendant 20 minutes.
2. Répartissez le mélange dans les assiettes et servez.

Nutrition: calories 114, lipides 7,4, fibres 4,5, glucides 13,2, protéines 2,1

Poivrons rôtis

Temps de préparation : 10 minutes.
Temps de cuisson : 30 minutes.
Portions : 4

Ingrédients:
- 1 livre de poivrons mélangés, coupés en quartiers
- 1 oignon rouge, tranché finement
- 2 cuillères à soupe d'huile d'olive
- Poivre noir au goût
- 1 cuillère à soupe d'origan haché
- 2 cuillères à soupe de feuilles de menthe hachées

Adresses :
1. Dans une rôtissoire, mélanger les poivrons avec l'oignon et les autres ingrédients, mélanger et cuire au four à 380 degrés F pendant 30 minutes.
2. Répartissez le mélange dans les assiettes et servez.

Nutrition: calories 240, lipides 8,2, fibres 4,2, glucides 11,3, protéines 5,6

Dattes et chou sautés

Temps de préparation : 5 minutes.
Temps de cuisson : 15 minutes.
Portions : 4

Ingrédients:
- 1 livre de chou rouge, râpé
- 8 dattes dénoyautées et tranchées
- 2 cuillères à soupe d'huile d'olive
- ¼ tasse de bouillon de légumes faible en sodium
- 2 cuillères à soupe de ciboulette hachée
- 2 cuillères à soupe de jus de citron
- Poivre noir au goût

Adresses :
1. Faites chauffer une poêle avec l'huile à feu moyen, ajoutez le chou et les dattes, remuez et laissez cuire 4 minutes.
2. Ajouter le bouillon et les autres ingrédients, remuer, cuire à feu moyen encore 11 minutes, répartir dans des assiettes et servir.

Nutrition: calories 280, lipides 8,1, fibres 4,1, glucides 8,7, protéines 6,3

mélange de haricots noirs

Temps de préparation : 4 minutes.
Temps de cuisson : 0 minutes.
Portions : 4

Ingrédients:
- 3 tasses de haricots noirs en conserve, sans sel ajouté, égouttés et rincés
- 1 tasse de tomates cerises, coupées en deux
- 2 échalotes hachées
- 3 cuillères à soupe d'huile d'olive
- 1 cuillère à soupe de vinaigre balsamique
- Poivre noir au goût
- 1 cuillère à soupe de ciboulette hachée

Adresses :
1. Dans un bol, mélanger les haricots avec les tomates et les autres ingrédients, mélanger et servir froid en accompagnement.

Nutrition: calories 310, lipides 11,0, fibres 5,3, glucides 19,6, protéines 6,8

Mélange d'Olives et Endives

Temps de préparation : 4 minutes.
Temps de cuisson : 0 minutes.
Portions : 4

Ingrédients:
- 2 ciboulette hachée
- 2 endives, râpées
- 1 tasse d'olives noires, dénoyautées et tranchées
- ½ tasse d'olives Kalamata, dénoyautées et tranchées
- ¼ tasse de vinaigre de cidre de pomme
- 2 cuillères à soupe d'huile d'olive
- 1 cuillère à soupe de coriandre hachée

Adresses :
1. Dans un bol, mélangez les endives avec les olives et le reste des ingrédients, mélangez et servez.

Nutrition: calories 230, lipides 9,1, fibres 6,3, glucides 14,6, protéines 7,2

Salade de tomate et de cocombre

Temps de préparation : 5 minutes.
Temps de cuisson : 0 minutes.
Portions : 4

Ingrédients:
- ½ livre de tomates, coupées en dés
- 2 concombres, tranchés
- 1 cuillère à soupe d'huile d'olive
- 2 ciboulette hachée
- Poivre noir au goût
- Jus d'1 citron vert
- ½ tasse de basilic haché

Adresses :
1. Dans un saladier, mélangez les tomates avec le concombre et les autres ingrédients, mélangez et servez froid.

Nutrition: calories 224, lipides 11,2, fibres 5,1, glucides 8,9, protéines 6,2

Salade de poivrons et carottes

Temps de préparation : 5 minutes.
Temps de cuisson : 0 minutes.
Portions : 4

Ingrédients:
- 1 tasse de tomates cerises, coupées en deux
- 1 poivron jaune haché
- 1 poivron rouge haché
- 1 poivron vert haché
- ½ livre de carottes, râpées
- 3 cuillères à soupe de vinaigre de vin rouge
- 2 cuillères à soupe d'huile d'olive
- 1 cuillère à soupe de coriandre hachée
- Poivre noir au goût

Adresses :
1. Dans un saladier, mélangez les tomates avec les poivrons, les carottes et les autres ingrédients, mélangez et servez en garniture.

Nutrition: calories 123, lipides 4, fibres 8,4, glucides 14,4, protéines 1,1

Mélange de haricots noirs et de riz

Temps de préparation : 10 minutes.
Temps de cuisson : 30 minutes.
Portions : 4

Ingrédients:
- 2 cuillères à soupe d'huile d'olive
- 1 oignon jaune haché
- 1 tasse de haricots noirs en conserve, sans sel ajouté, égouttés et rincés
- 2 tasses de riz noir
- 4 tasses de bouillon de poulet faible en sodium
- 2 cuillères à soupe de thym haché
- Le zeste d'un ½ citron râpé
- Une pincée de poivre noir

Adresses :
1. Faites chauffer une poêle avec l'huile à feu moyen-vif, ajoutez l'oignon, remuez et faites revenir pendant 4 minutes.
2. Ajoutez les haricots, le riz et les autres ingrédients, remuez, portez à ébullition et laissez cuire à feu moyen pendant 25 minutes.
3. Remuez le mélange, répartissez dans les assiettes et servez.

Nutrition: calories 290, lipides 15,3, fibres 6,2, glucides 14,6, protéines 8

Mélange de riz et chou-fleur

Temps de préparation : 10 minutes.
Temps de cuisson : 25 minutes.
Portions : 4

Ingrédients:
- 1 tasse de fleurons de chou-fleur
- 1 tasse de riz blanc
- 2 tasses de bouillon de poulet faible en sodium
- 1 cuillère à soupe d'huile d'avocat
- 2 échalotes hachées
- ¼ tasse de myrtilles
- ½ tasse d'amandes tranchées

Adresses :
1. Faites chauffer une poêle avec l'huile à feu moyen, ajoutez les échalotes, remuez et faites revenir 5 minutes.
2. Ajoutez le chou-fleur, le riz et les autres ingrédients, remuez, portez à ébullition et laissez cuire à feu moyen pendant 20 minutes.
3. Répartissez le mélange dans les assiettes et servez.

Nutrition: calories 290, lipides 15,1, fibres 5,6, glucides 7, protéines 4,5

Mélange de haricots balsamiques

Temps de préparation : 10 minutes.
Temps de cuisson : 0 minutes.
Portions : 4

Ingrédients:
- 2 tasses de haricots noirs en conserve, sans sel ajouté, égouttés et rincés
- 2 tasses de haricots blancs en conserve, sans sel ajouté, égouttés et rincés
- 2 cuillères à soupe de vinaigre balsamique
- 2 cuillères à soupe d'huile d'olive
- 1 cuillère à café d'origan séché
- 1 cuillère à café de basilic séché
- 1 cuillère à soupe de ciboulette hachée

Adresses :
1. Dans un saladier, mélangez les haricots avec le vinaigre et les autres ingrédients, mélangez et servez en salade.

Nutrition: calories 322, lipides 15,1, fibres 10, glucides 22,0, protéines 7

Betterave crémeuse

Temps de préparation : 5 minutes.
Temps de cuisson : 20 minutes.
Portions : 4

Ingrédients:
- 1 livre de betteraves, pelées et coupées en cubes
- 1 oignon rouge haché
- 1 cuillère à soupe d'huile d'olive
- ½ tasse de crème de coco
- 4 cuillères à soupe de yaourt écrémé
- 1 cuillère à soupe de ciboulette hachée

Adresses :
1. Faites chauffer une poêle avec l'huile à feu moyen, ajoutez l'oignon, remuez et faites revenir 4 minutes.
2. Ajouter la betterave, la crème et les autres ingrédients, remuer, cuire à feu moyen encore 15 minutes, répartir dans des assiettes et servir.

Nutrition: calories 250, lipides 13,4, fibres 3, glucides 13,3, protéines 6,4

Mélange d'avocat et de poivron

Temps de préparation : 10 minutes.
Temps de cuisson : 14 minutes.
Portions : 4

Ingrédients:
- 1 cuillère à soupe d'huile d'avocat
- 1 cuillère à café de paprika doux
- 1 livre de poivrons mélangés, coupés en lanières
- 1 avocat pelé, dénoyauté et coupé en deux
- 1 cuillère à café de poudre d'ail
- 1 cuillère à café de romarin séché
- ½ tasse de bouillon de légumes faible en sodium
- Poivre noir au goût

Adresses :
1. Faites chauffer une poêle avec l'huile à feu moyen-vif, ajoutez tous les poivrons, remuez et faites revenir 5 minutes.
2. Ajouter le reste des ingrédients, remuer, cuire encore 9 minutes à feu moyen, répartir dans les assiettes et servir.

Nutrition: calories 245, lipides 13,8, fibres 5, glucides 22,5, protéines 5,4

Patates douces et betteraves rôties

Temps de préparation : 10 minutes.
Temps de cuisson : 1 heure.
Portions : 4

Ingrédients:
- 3 cuillères à soupe d'huile d'olive
- 2 patates douces, pelées et coupées en quartiers
- 2 betteraves pelées et coupées en quartiers
- 1 cuillère à soupe d'origan haché
- 1 cuillère à soupe de jus de citron vert
- Poivre noir au goût

Adresses :
1. Placer les patates douces et les betteraves sur une plaque à pâtisserie tapissée, ajouter le reste des ingrédients, mélanger, mettre au four et cuire au four à 375 degrés F pendant 1 heure/
2. Répartir dans les assiettes et servir en garniture.

Nutrition: calories 240, lipides 11,2, fibres 4, glucides 8,6, protéines 12,1

Chou frisé sauté

Temps de préparation : 10 minutes.
Temps de cuisson : 15 minutes.
Portions : 4

Ingrédients:
- 2 cuillères à soupe d'huile d'olive
- 3 cuillères à soupe d'aminos de noix de coco
- 1 livre de chou frisé, déchiré
- 1 oignon rouge haché
- 2 gousses d'ail, hachées
- 1 cuillère à soupe de jus de citron vert
- 1 cuillère à soupe de coriandre hachée

Adresses :
1. Faites chauffer une poêle avec l'huile d'olive à feu moyen, ajoutez l'oignon et l'ail et faites revenir 5 minutes.
2. Ajouter le chou frisé et les autres ingrédients, remuer, cuire à feu moyen pendant 10 minutes, répartir dans les assiettes et servir.

Nutrition: calories 200, lipides 7,1, fibres 2, glucides 6,4, protéines 6

Carottes épicées

Temps de préparation : 10 minutes.
Temps de cuisson : 20 minutes.
Portions : 4

Ingrédients:
- 1 cuillère à soupe de jus de citron
- 1 cuillère à soupe d'huile d'olive
- ½ cuillère à café de piment de la Jamaïque, moulu
- ½ cuillère à café de cumin moulu
- ½ cuillère à café de muscade moulue
- 1 livre de mini-carottes, hachées
- 1 cuillère à soupe de romarin haché
- Poivre noir au goût

Adresses :
1. Dans une rôtissoire, mélanger les carottes avec le jus de citron, l'huile et le reste des ingrédients, mélanger, mettre au four et cuire au four à 400 degrés F pendant 20 minutes.
2. Répartir dans les assiettes et servir.

Nutrition: calories 260, lipides 11,2, fibres 4,5, glucides 8,3, protéines 4,3

Artichauts au citron

Temps de préparation : 10 minutes.
Temps de cuisson : 20 minutes.
Portions : 4

Ingrédients:
- 2 cuillères à soupe de jus de citron
- 4 artichauts, parés et coupés en deux
- 1 cuillère à soupe d'aneth haché
- 2 cuillères à soupe d'huile d'olive
- Une pincée de poivre noir

Adresses :
1. Dans une rôtissoire, mélanger les artichauts avec le jus de citron et les autres ingrédients, mélanger délicatement et cuire au four à 400 degrés F pendant 20 minutes, répartir dans les assiettes et servir.

Nutrition: calories 140, lipides 7,3, fibres 8,9, glucides 17,7, protéines 5,5

Brocoli, haricots et riz

Temps de préparation : 10 minutes.
Temps de cuisson : 30 minutes.
Portions : 4

Ingrédients:
- 1 tasse de fleurons de brocoli, hachés
- 1 tasse de haricots noirs en conserve, sans sel ajouté, égouttés
- 1 tasse de riz blanc
- 2 tasses de bouillon de poulet faible en sodium
- 2 cuillères à café de paprika doux
- Poivre noir au goût

Adresses :
1. Mettez le bouillon dans une casserole, faites chauffer à feu moyen, ajoutez le riz et les autres ingrédients, remuez, portez à ébullition et laissez cuire 30 minutes en remuant de temps en temps.
2. Répartissez le mélange dans les assiettes et servez en garniture.

Nutrition: calories 347, lipides 1,2, fibres 9, glucides 69,3, protéines 15,1

Mélange de citrouille au four

Temps de préparation : 10 minutes.
Temps de cuisson : 45 minutes.
Portions : 4

Ingrédients:
- 2 cuillères à soupe d'huile d'olive
- 2 livres de citrouille, pelée et coupée en quartiers
- 1 cuillère à soupe de jus de citron
- 1 cuillère à café de poudre de chili
- 1 cuillère à café de poudre d'ail
- 2 cuillères à café de coriandre hachée
- Une pincée de poivre noir

Adresses
1. Dans une rôtissoire, mélanger la courge avec l'huile et le reste des ingrédients, mélanger délicatement, cuire au four à 400 degrés F pendant 45 minutes, répartir dans les assiettes et servir comme plat d'accompagnement.

Nutrition: calories 167, lipides 7,4, fibres 4,9, glucides 27,5, protéines 2,5

asperges crémeuses

Temps de préparation : 5 minutes.
Temps de cuisson : 20 minutes.
Portions : 4

Ingrédients:
- ½ cuillère à café de muscade moulue
- 1 livre d'asperges, parées et coupées en deux
- 1 tasse de crème de coco
- 1 oignon jaune haché
- 2 cuillères à soupe d'huile d'olive
- 1 cuillère à soupe de jus de citron vert
- 1 cuillère à soupe de coriandre hachée

Adresses :
1. Faites chauffer une poêle avec l'huile à feu moyen, ajoutez l'oignon et la muscade, remuez et faites revenir 5 minutes.
2. Ajoutez les asperges et les autres ingrédients, remuez, portez à ébullition et laissez cuire à feu moyen pendant 15 minutes.
3. Répartir dans les assiettes et servir.

Nutrition: calories 236, lipides 21,6, fibres 4,4, glucides 11,4, protéines 4,2

Mélange de navets et basilic

Temps de préparation : 10 minutes.
Temps de cuisson : 15 minutes.
Portions : 4

Ingrédients:
- 1 cuillère à soupe d'huile d'avocat
- 4 navets tranchés
- ¼ tasse de basilic haché
- Poivre noir au goût
- ¼ tasse de bouillon de légumes faible en sodium
- ½ tasse de noix hachées
- 2 gousses d'ail, hachées

Adresses :
1. Faites chauffer une poêle avec l'huile à feu moyen-vif, ajoutez l'ail et les navets et faites revenir 5 minutes.
2. Ajouter le reste des ingrédients, mélanger, cuire encore 10 minutes, répartir dans des assiettes et servir.

Nutrition: calories 140, lipides 9,7, fibres 3,3, glucides 10,5, protéines 5

Mélange de riz et câpres

Temps de préparation : 10 minutes.
Temps de cuisson : 20 minutes.
Portions : 4

Ingrédients:
- 1 tasse de riz blanc
- 1 cuillère à soupe de câpres hachées
- 2 tasses de bouillon de poulet faible en sodium
- 1 oignon rouge haché
- 1 cuillère à soupe d'huile d'avocat
- 1 cuillère à soupe de coriandre hachée
- 1 cuillère à café de paprika doux

Adresses :
1. Faites chauffer une poêle avec l'huile à feu moyen-vif, ajoutez l'oignon, remuez et faites revenir pendant 5 minutes.
2. Ajoutez le riz, les câpres et les autres ingrédients, mélangez, portez à ébullition et laissez cuire 15 minutes.
3. Répartissez le mélange dans les assiettes et servez en garniture.

Nutrition: calories 189, lipides 0,9, fibres 1,6, glucides 40,2, protéines 4,3

Mélange d'épinards et de chou frisé

Temps de préparation : 5 minutes.
Temps de cuisson : 15 minutes.
Portions : 4

Ingrédients:
- 2 tasses de bébés épinards
- 5 tasses de chou frisé, déchiré
- 2 échalotes hachées
- 2 gousses d'ail, hachées
- 1 tasse de tomates en conserve, sans sel ajouté, hachées
- 1 cuillère à soupe d'huile d'olive

Adresses :
1. Faites chauffer une poêle avec l'huile à feu moyen-vif, ajoutez les échalotes, remuez et faites revenir 5 minutes.
2. Ajouter les épinards, le chou frisé et les autres ingrédients, remuer, cuire encore 10 minutes, répartir dans les assiettes et servir en garniture.

Nutrition: calories 89, lipides 3,7, fibres 2,2, glucides 12,4, protéines 3,6

Mélange de crevettes et d'ananas

Temps de préparation : 10 minutes.
Temps de cuisson : 10 minutes.
Portions : 4

Ingrédients:
- 1 cuillère à soupe d'huile d'olive
- 1 livre de crevettes, décortiquées et déveinées
- 1 tasse d'ananas, pelé et coupé en cubes
- Jus de 1 citron
- Un bouquet de persil haché

Adresses :
1. Faites chauffer une poêle avec l'huile à feu moyen, ajoutez les crevettes et faites cuire 3 minutes de chaque côté.
2. Ajoutez le reste des ingrédients, faites cuire le tout encore 4 minutes, répartissez dans des bols et servez.

Nutrition: calories 254, lipides 13,3, fibres 6, glucides 14,9, protéines 11

Saumon et olives vertes

Temps de préparation : 10 minutes.
Temps de cuisson : 20 minutes.
Portions : 4

Ingrédients:
- 1 oignon jaune haché
- 1 tasse d'olives vertes, dénoyautées et coupées en deux
- 1 cuillère à café de poudre de chili
- Poivre noir au goût
- 2 cuillères à soupe d'huile d'olive
- ¼ tasse de bouillon de légumes faible en sodium
- 4 filets de saumon, sans peau et désossés
- 2 cuillères à soupe de ciboulette hachée

Adresses :
1. Faites chauffer une poêle avec l'huile à feu moyen-vif, ajoutez l'oignon et faites revenir pendant 3 minutes.
2. Ajouter le saumon et cuire 5 minutes de chaque côté, ajouter le reste des ingrédients, cuire encore 5 minutes, répartir dans des assiettes et servir.

Nutrition: calories 221, lipides 12,1, fibres 5,4, glucides 8,5, protéines 11,2

Saumon et fenouil

Temps de préparation : 5 minutes.
Temps de cuisson : 15 minutes.
Portions : 4

Ingrédients:
- 4 filets de saumon moyens, sans peau et désossés
- 1 bulbe de fenouil, haché
- ½ tasse de bouillon de légumes faible en sodium
- 2 cuillères à soupe d'huile d'olive
- Poivre noir au goût
- ¼ tasse de bouillon de légumes faible en sodium
- 1 cuillère à soupe de jus de citron
- 1 cuillère à soupe de coriandre hachée

Adresses :
1. Faites chauffer une poêle avec l'huile à feu moyen, ajoutez le fenouil et laissez cuire 3 minutes.
2. Ajoutez le poisson et faites-le dorer 4 minutes de chaque côté.
3. Ajoutez le reste des ingrédients, laissez cuire encore 4 minutes, répartissez dans des assiettes et servez.

Nutrition: calories 252, lipides 9,3, fibres 4,2, glucides 12,3, protéines 9

Morue et Asperges

Temps de préparation : 10 minutes.
Temps de cuisson : 14 minutes.
Portions : 4

Ingrédients:
- 1 cuillère à soupe d'huile d'olive
- 1 oignon rouge haché
- 1 livre de filets de morue, désossés
- 1 botte d'asperges, parées
- Poivre noir au goût
- 1 tasse de crème de coco
- 1 cuillère à soupe de ciboulette hachée

Adresses :
1. Faites chauffer une poêle avec l'huile à feu moyen, ajoutez l'oignon et le cabillaud et faites cuire 3 minutes de chaque côté.
2. Ajoutez le reste des ingrédients, laissez cuire encore 8 minutes, répartissez dans des assiettes et servez.

Nutrition: calories 254, lipides 12,1, fibres 5,4, glucides 4,2, protéines 13,5

crevettes épicées

Temps de préparation : 5 minutes.
Temps de cuisson : 8 minutes.
Portions : 4

Ingrédients:
- 1 cuillère à café de poudre d'ail
- 1 cuillère à café de paprika fumé
- 1 cuillère à café de cumin moulu
- 1 cuillère à café de piment de la Jamaïque, moulu
- 2 cuillères à soupe d'huile d'olive
- 2 livres de crevettes, décortiquées et déveinées
- 1 cuillère à soupe de ciboulette hachée

Adresses :
1. Faites chauffer une poêle avec l'huile à feu moyen, ajoutez les crevettes, la poudre d'ail et les autres ingrédients, faites cuire 4 minutes de chaque côté, répartissez dans des bols et servez.

Nutrition: calories 212, lipides 9,6, fibres 5,3, glucides 12,7, protéines 15,4

Bar et tomates

Temps de préparation : 10 minutes.
Temps de cuisson : 30 minutes.
Portions : 4

Ingrédients:
- 2 cuillères à soupe d'huile d'olive
- 2 livres de filets de bar, sans peau et désossés
- Poivre noir au goût
- 2 tasses de tomates cerises, coupées en deux
- 1 cuillère à soupe de ciboulette hachée
- 1 cuillère à soupe de zeste de citron râpé
- ¼ tasse de jus de citron

Adresses :
1. Graisser une rôtissoire avec l'huile et y déposer le poisson.
2. Ajoutez les tomates et les autres ingrédients, placez le plat au four et faites cuire au four à 380 degrés F pendant 30 minutes.
3. Répartissez le tout dans les assiettes et servez.

Nutrition: calories 272, lipides 6,9, fibres 6,2, glucides 18,4, protéines 9

Crevettes et haricots

Temps de préparation : 10 minutes.
Temps de cuisson : 12 minutes.
Portions : 4

Ingrédients:
- 1 livre de crevettes, déveinées et décortiquées
- 1 cuillère à soupe d'huile d'olive
- Jus d'1 citron vert
- 1 tasse de haricots noirs en conserve, sans sel ajouté, égouttés
- 1 échalote hachée
- 1 cuillère à soupe d'origan haché
- 2 gousses d'ail, hachées
- Poivre noir au goût

Adresses :
1. Faites chauffer une poêle avec l'huile à feu moyen-vif, ajoutez l'échalote et l'ail, remuez et laissez cuire 3 minutes.
2. Ajouter les crevettes et cuire 2 minutes de chaque côté.
3. Ajoutez les haricots et les autres ingrédients, faites cuire le tout à feu moyen pendant encore 5 minutes, répartissez dans des bols et servez.

Nutrition: calories 253, lipides 11,6, fibres 6, glucides 14,5, protéines 13,5

Mélange de crevettes et raifort

Temps de préparation : 5 minutes.
Temps de cuisson : 8 minutes.
Portions : 4

Ingrédients:
- 1 livre de crevettes, décortiquées et déveinées
- 2 échalotes hachées
- 1 cuillère à soupe d'huile d'olive
- 1 cuillère à soupe de ciboulette hachée
- 2 cuillères à café de raifort préparé
- ¼ tasse de crème de coco
- Poivre noir au goût

Adresses :
4 Faites chauffer une poêle avec l'huile à feu moyen, ajoutez les échalotes et le raifort, remuez et faites revenir 2 minutes.
5 Ajoutez les crevettes et les autres ingrédients, remuez, laissez cuire encore 6 minutes, répartissez dans les assiettes et servez.

Nutrition: calories 233, lipides 6, fibres 5, glucides 11,9, protéines 5,4

Salade de crevettes et estragon

Temps de préparation : 4 minutes.
Temps de cuisson : 0 minutes.
Portions : 4

Ingrédients:
- 1 livre de crevettes, cuites, décortiquées et déveinées
- 1 cuillère à soupe d'estragon haché
- 1 cuillère à soupe de câpres, égouttées
- 2 cuillères à soupe d'huile d'olive
- Poivre noir au goût
- 2 tasses de bébés épinards
- 1 cuillère à soupe de vinaigre balsamique
- 1 petit oignon rouge, tranché
- 2 cuillères à soupe de jus de citron

Adresses :
4 Dans un bol, mélanger les crevettes avec l'estragon et les autres ingrédients, mélanger et servir.

Nutrition: calories 258, lipides 12,4, fibres 6, glucides 6,7, protéines 13,3

Mélange de morue au parmesan

Temps de préparation : 10 minutes.
Temps de cuisson : 20 minutes.
Portions : 4

Ingrédients:
- 4 filets de cabillaud désossés
- ½ tasse de parmesan faible en gras, râpé
- 3 gousses d'ail, émincées
- 1 cuillère à soupe d'huile d'olive
- 1 cuillère à soupe de jus de citron
- ½ tasse d'oignon vert haché

Adresses :
1. Faites chauffer une poêle avec l'huile à feu moyen, ajoutez l'ail et la ciboulette, remuez et faites revenir 5 minutes.
2. Ajoutez le poisson et faites cuire 4 minutes de chaque côté.
3. Ajoutez le jus de citron, saupoudrez de parmesan, laissez cuire encore 2 minutes, répartissez dans les assiettes et servez.

Nutrition: calories 275, lipides 22,1, fibres 5, glucides 18,2, protéines 12

Mélange de tilapia et d'oignons rouges

Temps de préparation : 10 minutes.
Temps de cuisson : 15 minutes.
Portions : 4

Ingrédients:
- 4 filets de tilapia, désossés
- 2 cuillères à soupe d'huile d'olive
- 1 cuillère à soupe de jus de citron
- 2 cuillères à café de zeste de citron râpé
- 2 oignons rouges, hachés
- 3 cuillères à soupe de ciboulette hachée

Adresses :
1. Faites chauffer une poêle avec l'huile à feu moyen, ajoutez l'oignon, le zeste et le jus de citron, remuez et faites revenir 5 minutes.
2. Ajouter le poisson et les oignons verts, cuire 5 minutes de chaque côté, répartir dans les assiettes et servir.

Nutrition: calories 254, lipides 18,2, fibres 5,4, glucides 11,7, protéines 4,5

salade de truite

Temps de préparation : 6 minutes.
Temps de cuisson : 0 minutes.
Portions : 4

Ingrédients:
- 4 onces de truite fumée, sans peau, désossée et coupée en cubes
- 1 cuillère à soupe de jus de citron vert
- 1/3 tasse de yaourt écrémé
- 2 avocats pelés, dénoyautés et coupés en cubes
- 3 cuillères à soupe de ciboulette hachée
- Poivre noir au goût
- 1 cuillère à soupe d'huile d'olive

Adresses :
1. Dans un bol, mélanger la truite avec les avocats et les autres ingrédients, mélanger et servir.

Nutrition: calories 244, lipides 9,45, fibres 5,6, glucides 8,5, protéines 15

Truite balsamique

Temps de préparation : 5 minutes.
Temps de cuisson : 15 minutes.
Portions : 4

Ingrédients:
- 3 cuillères à soupe de vinaigre balsamique
- 2 cuillères à soupe d'huile d'olive
- 4 filets de truite, désossés
- 3 cuillères à soupe de persil finement haché
- 2 gousses d'ail, hachées

Adresses :
1. Faites chauffer une poêle avec l'huile à feu moyen, ajoutez la truite et faites cuire 6 minutes de chaque côté.
2. Ajoutez le reste des ingrédients, laissez cuire encore 3 minutes, répartissez dans les assiettes et servez avec une salade.

Nutrition: calories 314, lipides 14,3, fibres 8,2, glucides 14,8, protéines 11,2

Saumon au persil

Temps de préparation : 5 minutes.
Temps de cuisson : 12 minutes.
Portions : 4

Ingrédients:
- 2 ciboulette hachée
- 2 cuillères à café de jus de citron vert
- 1 cuillère à soupe de ciboulette hachée
- 1 cuillère à soupe d'huile d'olive
- 4 filets de saumon, désossés
- Poivre noir au goût
- 2 cuillères à soupe de persil haché

Adresses :
1. Faites chauffer une poêle avec l'huile à feu moyen, ajoutez la ciboulette, remuez et faites revenir 2 minutes.
2. Ajouter le saumon et les autres ingrédients, cuire 5 minutes de chaque côté, répartir dans les assiettes et servir.

Nutrition: calories 290, lipides 14,4, fibres 5,6, glucides 15,6, protéines 9,5

Salade de truite et légumes

Temps de préparation : 5 minutes.
Temps de cuisson : 0 minutes.
Portions : 4

Ingrédients:
- 2 cuillères à soupe d'huile d'olive
- ½ tasse d'olives Kalamata, dénoyautées et hachées
- Poivre noir au goût
- 1 livre de truite fumée, désossée, sans peau et coupée en cubes
- ½ cuillère à café de zeste de citron râpé
- 1 cuillère à soupe de jus de citron
- 1 tasse de tomates cerises, coupées en deux
- ½ oignon rouge, tranché
- 2 tasses de jeune roquette

Adresses :
1. Dans un bol, mélanger la truite fumée avec les olives, le poivre noir et le reste des ingrédients, mélanger et servir.

Nutrition: calories 282, lipides 13,4, fibres 5,3, glucides 11,6, protéines 5,6

saumon au safran

Temps de préparation : 10 minutes.
Temps de cuisson : 12 minutes.
Portions : 4

Ingrédients:
- Poivre noir au goût
- ½ cuillère à café de paprika doux
- 4 filets de saumon, désossés
- 3 cuillères à soupe d'huile d'olive
- 1 oignon jaune haché
- 2 gousses d'ail, hachées
- ¼ cuillère à café de safran en poudre

Adresses :
1. Faites chauffer une poêle avec l'huile à feu moyen-vif, ajoutez l'oignon et l'ail, remuez et faites revenir pendant 2 minutes.
2. Ajouter le saumon et les autres ingrédients, cuire 5 minutes de chaque côté, répartir dans les assiettes et servir.

Nutrition: calories 339, lipides 21,6, fibres 0,7, glucides 3,2, protéines 35

Salade de crevettes et pastèque

Temps de préparation : 10 minutes.
Temps de cuisson : 0 minutes.
Portions : 4

Ingrédients:
- ¼ tasse de basilic haché
- 2 tasses de pastèque pelée et coupée en cubes
- 2 cuillères à soupe de vinaigre balsamique
- 2 cuillères à soupe d'huile d'olive
- 1 livre de crevettes, décortiquées, déveinées et cuites
- Poivre noir au goût
- 1 cuillère à soupe de persil haché

Adresses :
1. Dans un bol, mélanger les crevettes avec la pastèque et les autres ingrédients, mélanger et servir.

Nutrition: calories 220, lipides 9, fibres 0,4, glucides 7,6, protéines 26,4

Salade de crevettes et quinoa à l'origan

Temps de préparation : 5 minutes.
Temps de cuisson : 8 minutes.
Portions : 4

Ingrédients:
- 1 livre de crevettes, décortiquées et déveinées
- 1 tasse de quinoa cuit
- Poivre noir au goût
- 1 cuillère à soupe d'huile d'olive
- 1 cuillère à soupe d'origan haché
- 1 oignon rouge haché
- Jus de 1 citron

Adresses :
1. Faites chauffer une poêle avec l'huile à feu moyen-vif, ajoutez l'oignon, remuez et faites revenir pendant 2 minutes.
2. Ajoutez les crevettes, remuez et laissez cuire 5 minutes.
3. Ajoutez le reste des ingrédients, remuez, répartissez le tout dans des bols et servez.

Nutrition: calories 336, lipides 8,2, fibres 4,1, glucides 32,3, protéines 32,3

Salade de crabe

Temps de préparation : 10 minutes.
Temps de cuisson : 0 minutes.
Portions : 4

Ingrédients:
- 1 cuillère à soupe d'huile d'olive
- 2 tasses de chair de crabe
- Poivre noir au goût
- 1 tasse de tomates cerises, coupées en deux
- 1 échalote hachée
- 1 cuillère à soupe de jus de citron
- 1/3 tasse de coriandre hachée

Adresses :
1. Dans un bol, mélanger le crabe avec les tomates et les autres ingrédients, mélanger et servir.

Nutrition: calories 54, lipides 3,9, fibres 0,6, glucides 2,6, protéines 2,3

Pétoncles balsamiques

Temps de préparation : 4 minutes.
Temps de cuisson : 6 minutes.
Portions : 4

Ingrédients:
- 12 onces de pétoncles
- 2 cuillères à soupe d'huile d'olive
- 2 gousses d'ail, hachées
- 1 cuillère à soupe de vinaigre balsamique
- 1 tasse d'oignons verts, tranchés
- 2 cuillères à soupe de coriandre hachée

Adresses :
1. Faites chauffer une poêle avec l'huile à feu moyen, ajoutez la ciboulette et l'ail et faites revenir 2 minutes.
2. Ajouter les Saint-Jacques et le reste des ingrédients, cuire 2 minutes de chaque côté, répartir dans les assiettes et servir.

Nutrition: calories 146, lipides 7,7, fibres 0,7, glucides 4,4, protéines 14,8

Mélange crémeux de plie

Temps de préparation : 10 minutes.
Temps de cuisson : 20 minutes.
Portions : 4

Ingrédients:
- 2 cuillères à soupe d'huile d'olive
- 1 oignon rouge haché
- Poivre noir au goût
- ½ tasse de bouillon de légumes faible en sodium
- 4 filets de plie, désossés
- ½ tasse de crème de coco
- 1 cuillère à soupe d'aneth haché

Adresses :
1. Faites chauffer une poêle avec l'huile à feu moyen, ajoutez l'oignon, remuez et faites revenir 5 minutes.
2. Ajoutez le poisson et faites cuire 4 minutes de chaque côté.
3. Ajouter le reste des ingrédients, cuire encore 7 minutes, répartir dans les assiettes et servir.

Nutrition: calories 232, lipides 12,3, fibres 4, glucides 8,7, protéines 12

Mélange épicé de saumon et de mangue

Temps de préparation : 5 minutes.
Temps de cuisson : 0 minutes.
Portions : 4

Ingrédients:
- 1 livre de saumon fumé, désossé, sans peau et émietté
- Poivre noir au goût
- 1 oignon rouge haché
- 1 mangue pelée, épépinée et hachée
- 2 piments jalapeno, hachés
- ¼ tasse de persil haché
- 3 cuillères à soupe de jus de citron vert
- 1 cuillère à soupe d'huile d'olive

Adresses :
2. Dans un bol, mélangez le saumon avec le poivre noir et les autres ingrédients, mélangez et servez.

Nutrition: calories 323, lipides 14,2, fibres 4, glucides 8,5, protéines 20,4

Mélange de crevettes à l'aneth

Temps de préparation : 5 minutes.
Temps de cuisson : 0 minutes.
Portions : 4

Ingrédients:
- 2 cuillères à café de jus de citron
- 1 cuillère à soupe d'huile d'olive
- 1 cuillère à soupe d'aneth haché
- 1 livre de crevettes, cuites, décortiquées et déveinées
- Poivre noir au goût
- 1 tasse de radis, coupés en cubes

Adresses :
1. Dans un bol, mélanger les crevettes avec le jus de citron et les autres ingrédients, mélanger et servir.

Nutrition: calories 292, lipides 13, fibres 4,4, glucides 8, protéines 16,4

Pâté De Saumon

Temps de préparation : 4 minutes.
Temps de cuisson : 0 minutes.
Portions : 6

Ingrédients:
- 6 onces de saumon fumé, désossé, sans peau et râpé
- 2 cuillères à soupe de yaourt écrémé
- 3 cuillères à café de jus de citron
- 2 ciboulette hachée
- 8 onces de fromage à la crème faible en gras
- ¼ tasse de coriandre hachée

Adresses :
1. Dans un bol, mélangez le saumon avec le yaourt et les autres ingrédients, battez et servez froid.

Nutrition: calories 272, lipides 15,2, fibres 4,3, glucides 16,8, protéines 9,9

Crevettes aux Artichauts

Temps de préparation : 4 minutes.
Temps de cuisson : 8 minutes.
Portions : 4

Ingrédients:
- 2 oignons verts, hachés
- 1 tasse d'artichauts en conserve, sans sel ajouté, égouttés et coupés en quartiers
- 2 cuillères à soupe de coriandre hachée
- 1 livre de crevettes, décortiquées et déveinées
- 1 tasse de tomates cerises, coupées en dés
- 1 cuillère à soupe d'huile d'olive
- 1 cuillère à soupe de vinaigre balsamique
- Une pincée de sel et de poivre noir.

Adresses :
1. Faites chauffer une poêle avec l'huile à feu moyen, ajoutez l'oignon et les artichauts, remuez et laissez cuire 2 minutes.
2. Ajoutez les crevettes, remuez et faites cuire à feu moyen pendant 6 minutes.
3. Répartissez le tout dans des bols et servez.

Nutrition: calories 260, lipides 8,23, fibres 3,8, glucides 14,3, protéines 12,4

Crevettes à la sauce citronnée

Temps de préparation : 5 minutes.
Temps de cuisson : 8 minutes.
Portions : 4

Ingrédients:
- 1 livre de crevettes, décortiquées et déveinées
- 2 cuillères à soupe d'huile d'olive
- Le zeste d'1 citron râpé
- Jus de ½ citron
- 1 cuillère à soupe de ciboulette hachée

Adresses :
1. Faites chauffer une poêle avec l'huile à feu moyen-vif, ajoutez le zeste de citron, le jus de citron et la coriandre, remuez et laissez cuire 2 minutes.
2. Ajoutez les crevettes, faites cuire le tout encore 6 minutes, répartissez dans des assiettes et servez.

Nutrition: calories 195, lipides 8,9, fibres 0, glucides 1,8, protéines 25,9

Mélange de thon et d'orange

Temps de préparation : 5 minutes.
Temps de cuisson : 12 minutes.
Portions : 4

Ingrédients:
- 4 filets de thon désossés
- Poivre noir au goût
- 2 cuillères à soupe d'huile d'olive
- 2 échalotes hachées
- 3 cuillères à soupe de jus d'orange
- 1 orange pelée et coupée en quartiers
- 1 cuillère à soupe d'origan haché

Adresses :
1. Faites chauffer une poêle avec l'huile à feu moyen-vif, ajoutez les échalotes, remuez et faites revenir 2 minutes.
2. Ajoutez le thon et les autres ingrédients, faites cuire le tout encore 10 minutes, répartissez dans des assiettes et servez.

Nutrition: calories 457, lipides 38,2, fibres 1,6, glucides 8,2, protéines 21,8

Saumon au curry

Temps de préparation : 10 minutes.
Temps de cuisson : 20 minutes.
Portions : 4

Ingrédients:
- 1 livre de filet de saumon, désossé et coupé en cubes
- 3 cuillères à soupe de pâte de curry rouge
- 1 oignon rouge haché
- 1 cuillère à café de paprika doux
- 1 tasse de crème de coco
- 1 cuillère à soupe d'huile d'olive
- Poivre noir au goût
- ½ tasse de bouillon de poulet faible en sodium
- 3 cuillères à soupe de basilic haché

Adresses :
1. Faites chauffer une poêle avec l'huile à feu moyen-vif, ajoutez l'oignon, le paprika et la pâte de curry, remuez et laissez cuire 5 minutes.
2. Ajouter le saumon et les autres ingrédients, remuer délicatement, cuire à feu moyen pendant 15 minutes, répartir dans des bols et servir.

Nutrition: calories 377, lipides 28,3, fibres 2,1, glucides 8,5, protéines 23,9

Mélange de saumon et carottes

Temps de préparation : 10 minutes.
Temps de cuisson : 15 minutes.
Portions : 4

Ingrédients:
- 4 filets de saumon, désossés
- 1 oignon rouge haché
- 2 carottes tranchées
- 2 cuillères à soupe d'huile d'olive
- 2 cuillères à soupe de vinaigre balsamique
- Poivre noir au goût
- 2 cuillères à soupe de ciboulette hachée
- ¼ tasse de bouillon de légumes faible en sodium

Adresses :
1. Faites chauffer une poêle avec l'huile à feu moyen, ajoutez l'oignon et les carottes, remuez et faites revenir 5 minutes.
2. Ajoutez le saumon et les autres ingrédients, faites cuire le tout encore 10 minutes, répartissez dans des assiettes et servez.

Nutrition: calories 322, lipides 18, fibres 1,4, glucides 6, protéines 35,2

Mélange de crevettes et pignons de pin

Temps de préparation : 10 minutes.
Temps de cuisson : 10 minutes.
Portions : 4

Ingrédients:
- 1 livre de crevettes, décortiquées et déveinées
- 2 cuillères à soupe de pignons de pin
- 1 cuillère à soupe de jus de citron vert
- 2 cuillères à soupe d'huile d'olive
- 3 gousses d'ail, émincées
- Poivre noir au goût
- 1 cuillère à soupe de thym haché
- 2 cuillères à soupe de ciboulette finement hachée

Adresses :
1. Faites chauffer une poêle avec l'huile à feu moyen-vif, ajoutez l'ail, le thym, les pignons de pin et le jus de citron vert, remuez et laissez cuire 3 minutes.
2. Ajouter les crevettes, le poivre noir et la ciboulette, remuer, cuire encore 7 minutes, répartir dans les assiettes et servir.

Nutrition: calories 290, lipides 13, fibres 4,5, glucides 13,9, protéines 10

Morue chili et haricots verts

Temps de préparation : 10 minutes.
Temps de cuisson : 14 minutes.
Portions : 4

Ingrédients:
- 4 filets de cabillaud désossés
- ½ livre de haricots verts, parés et coupés en deux
- 1 cuillère à soupe de jus de citron vert
- 1 cuillère à soupe de zeste de citron vert râpé
- 1 oignon jaune haché
- 2 cuillères à soupe d'huile d'olive
- 1 cuillère à café de cumin moulu
- 1 cuillère à café de poudre de chili
- ½ tasse de bouillon de légumes faible en sodium
- Une pincée de sel et de poivre noir.

Adresses :
1. Faites chauffer une poêle avec l'huile à feu moyen-vif, ajoutez l'oignon, remuez et laissez cuire 2 minutes.
2. Ajoutez le poisson et faites cuire 3 minutes de chaque côté.
3. Ajouter les haricots verts et le reste des ingrédients, mélanger délicatement, cuire encore 7 minutes, répartir dans les assiettes et servir.

Nutrition: calories 220, lipides 13, glucides 14,3, fibres 2,3, protéines 12

Coquilles Saint-Jacques à l'ail

Temps de préparation : 5 minutes.
Temps de cuisson : 8 minutes.
Portions : 4

Ingrédients:
- 12 pétoncles
- 1 oignon rouge tranché
- 2 cuillères à soupe d'huile d'olive
- ½ cuillère à café d'ail émincé
- 2 cuillères à soupe de jus de citron
- Poivre noir au goût
- 1 cuillère à café de vinaigre balsamique

Adresses :
1. Faites chauffer une poêle avec l'huile à feu moyen, ajoutez l'oignon et l'ail et faites revenir 2 minutes.
2. Ajouter les pétoncles et les autres ingrédients, cuire à feu moyen encore 6 minutes, répartir dans les assiettes et servir chaud.

Nutrition: calories 259, lipides 8, fibres 3, glucides 5,7, protéines 7

Mélange de bar crémeux

Temps de préparation : 10 minutes.
Temps de cuisson : 14 minutes.
Portions : 4

Ingrédients:
- 4 filets de bar désossés
- 1 tasse de crème de coco
- 1 oignon jaune haché
- 1 cuillère à soupe de jus de citron vert
- 2 cuillères à soupe d'huile d'avocat
- 1 cuillère à soupe de persil haché
- Une pincée de poivre noir

Adresses :
1. Faites chauffer une poêle avec l'huile à feu moyen, ajoutez l'oignon, remuez et faites revenir 2 minutes.
2. Ajoutez le poisson et faites cuire 4 minutes de chaque côté.
3. Ajoutez le reste des ingrédients, laissez cuire encore 4 minutes, répartissez dans des assiettes et servez.

Nutrition: calories 283, lipides 12,3, fibres 5, glucides 12,5, protéines 8

Mélange de bar et de champignons

Temps de préparation : 10 minutes.
Temps de cuisson : 13 minutes.
Portions : 4

Ingrédients:
- 4 filets de bar désossés
- 2 cuillères à soupe d'huile d'olive
- Poivre noir au goût
- ½ tasse de champignons de Paris blancs, tranchés
- 1 oignon rouge haché
- 2 cuillères à soupe de vinaigre balsamique
- 3 cuillères à soupe de coriandre hachée

Adresses :
1. Faites chauffer une poêle avec l'huile à feu moyen-vif, ajoutez l'oignon et les champignons, remuez et laissez cuire 5 minutes.
2. Ajoutez le poisson et les autres ingrédients, faites cuire 4 minutes de chaque côté, répartissez le tout dans des assiettes et servez.

Nutrition: calories 280, lipides 12,3, fibres 8, glucides 13,6, protéines 14,3

soupe au saumon

Temps de préparation : 5 minutes.
Temps de cuisson : 20 minutes.
Portions : 4

Ingrédients:
- 1 livre de filets de saumon, désossés, sans peau et coupés en cubes
- 1 tasse d'oignon jaune haché
- 2 cuillères à soupe d'huile d'olive
- Poivre noir au goût
- 2 tasses de bouillon de légumes faible en sodium
- 1 et ½ tasse de tomates hachées
- 1 cuillère à soupe de basilic haché

Adresses :
1. Faites chauffer une casserole avec l'huile à feu moyen, ajoutez l'oignon, remuez et faites revenir pendant 5 minutes.
2. Ajoutez le saumon et les autres ingrédients, portez à ébullition et laissez cuire à feu moyen pendant 15 minutes.
3. Répartissez la soupe dans des bols et servez.

Nutrition: calories 250, lipides 12,2, fibres 5, glucides 8,5, protéines 7

Crevettes à la muscade

Temps de préparation : 3 minutes.
Temps de cuisson : 6 minutes.
Portions : 4

Ingrédients:
- 1 livre de crevettes, décortiquées et déveinées
- 2 cuillères à soupe d'huile d'olive
- 1 cuillère à soupe de jus de citron
- 1 cuillère à soupe de muscade moulue
- Poivre noir au goût
- 1 cuillère à soupe de coriandre hachée

Adresses :
1. Faites chauffer une poêle avec l'huile à feu moyen, ajoutez les crevettes, le jus de citron et les autres ingrédients, remuez, laissez cuire 6 minutes, répartissez dans des bols et servez.

Nutrition: calories 205, lipides 9,6, fibres 0,4, glucides 2,7, protéines 26

Mélange de crevettes et de baies

Temps de préparation : 4 minutes.
Temps de cuisson : 6 minutes.
Portions : 4

Ingrédients:
- 1 livre de crevettes, décortiquées et déveinées
- ½ tasse de tomates, coupées en dés
- 2 cuillères à soupe d'huile d'olive
- 1 cuillère à soupe de vinaigre balsamique
- ½ tasse de fraises hachées
- Poivre noir au goût

Adresses :
1. Faites chauffer une poêle avec l'huile à feu moyen, ajoutez les crevettes, remuez et laissez cuire 3 minutes.
2. Ajoutez le reste des ingrédients, mélangez, laissez cuire encore 3 à 4 minutes, répartissez dans les bols et servez.

Nutrition: calories 205, lipides 9, fibres 0,6, glucides 4, protéines 26,2

Truite citronnée au four

Temps de préparation : 10 minutes.
Temps de cuisson : 30 minutes.
Portions : 4

Ingrédients:
- 4 truites
- 1 cuillère à soupe de zeste de citron râpé
- 2 cuillères à soupe d'huile d'olive
- 2 cuillères à soupe de jus de citron
- Une pincée de poivre noir
- 2 cuillères à soupe de coriandre hachée

Adresses :
1. Dans un plat allant au four, mélanger le poisson avec le zeste de citron et les autres ingrédients et frotter.
2. Cuire au four à 370 degrés F pendant 30 minutes, répartir dans les assiettes et servir.

Nutrition: calories 264, lipides 12,3, fibres 5, glucides 7, protéines 11

Pétoncles à la ciboulette

Temps de préparation : 3 minutes.
Temps de cuisson : 4 minutes.
Portions : 4

Ingrédients:
- 12 pétoncles
- 2 cuillères à soupe d'huile d'olive
- Poivre noir au goût
- 2 cuillères à soupe de ciboulette hachée
- 1 cuillère à soupe de paprika doux

Adresses :
1. Faites chauffer une poêle avec l'huile à feu moyen, ajoutez les Saint-Jacques, le paprika et les autres ingrédients et faites cuire 2 minutes de chaque côté.
2. Répartir dans les assiettes et servir avec une salade.

Nutrition: calories 215, lipides 6, fibres 5, glucides 4,5, protéines 11

Boulettes de thon

Temps de préparation : 10 minutes.
Temps de cuisson : 30 minutes.
Portions : 4

Ingrédients:
- 2 cuillères à soupe d'huile d'olive
- 1 livre de thon, sans peau, désossé et haché
- 1 oignon jaune haché
- ¼ tasse de ciboulette hachée
- 1 oeuf battu
- 1 cuillère à soupe de farine de noix de coco
- Une pincée de sel et de poivre noir.

Adresses :
1. Dans un bol, mélangez le thon avec l'oignon et les autres ingrédients sauf l'huile, remuez bien et formez avec ce mélange des boulettes de viande de taille moyenne.
2. Disposer les boulettes de viande sur une plaque à pâtisserie, graisser avec de l'huile, mettre au four à 350 degrés F, cuire 30 minutes, répartir dans des assiettes et servir.

Nutrition: calories 291, lipides 14,3, fibres 5, glucides 12,4, protéines 11

Poêlée de Saumon

Temps de préparation : 10 minutes.
Temps de cuisson : 12 minutes.
Portions : 4

Ingrédients:
- 4 filets de saumon désossés et coupés en cubes
- 2 cuillères à soupe d'huile d'olive
- 1 poivron rouge coupé en lanières
- 1 courgette, coupée en gros dés
- 1 aubergine, coupée en cubes
- 1 cuillère à soupe de jus de citron
- 1 cuillère à soupe d'aneth haché
- ¼ tasse de bouillon de légumes faible en sodium
- 1 cuillère à café de poudre d'ail
- Une pincée de poivre noir

Adresses :
1. Faites chauffer une poêle avec de l'huile à feu moyen-vif, ajoutez le poivron, les courgettes et les aubergines, remuez et faites revenir pendant 3 minutes.
2. Ajoutez le saumon et les autres ingrédients, mélangez délicatement, faites cuire le tout encore 9 minutes, répartissez dans les assiettes et servez.

Nutrition: calories 348, lipides 18,4, fibres 5,3, glucides 11,9, protéines 36,9

Mélange de morue à la moutarde

Temps de préparation : 10 minutes.
Temps de cuisson : 25 minutes.
Portions : 4

Ingrédients:
- 4 filets de cabillaud, sans peau et désossés
- Une pincée de poivre noir
- 1 cuillère à café de gingembre râpé
- 1 cuillère à soupe de moutarde
- 2 cuillères à soupe d'huile d'olive
- 1 cuillère à café de thym séché
- ¼ cuillère à café de cumin moulu
- 1 cuillère à café de poudre de curcuma
- ¼ tasse de coriandre hachée
- 1 tasse de bouillon de légumes faible en sodium
- 3 gousses d'ail, émincées

Adresses :
1. Dans une rôtissoire, mélanger la morue avec le poivre noir, le gingembre et le reste des ingrédients, mélanger délicatement et cuire au four à 380 degrés F pendant 25 minutes.
2. Répartissez le mélange dans les assiettes et servez.

Nutrition: calories 176, lipides 9, fibres 1, glucides 3,7, protéines 21,2

Mélange de crevettes et asperges

Temps de préparation : 10 minutes.
Temps de cuisson : 14 minutes.
Portions : 4

Ingrédients:
- 1 botte d'asperges, coupée en deux
- 1 livre de crevettes, décortiquées et déveinées
- Poivre noir au goût
- 2 cuillères à soupe d'huile d'olive
- 1 oignon rouge haché
- 2 gousses d'ail, hachées
- 1 tasse de crème de coco

Adresses :
1. Faites chauffer une poêle avec l'huile à feu moyen, ajoutez l'oignon, l'ail et les asperges, remuez et laissez cuire 4 minutes.
2. Ajoutez les crevettes et les autres ingrédients, remuez, faites cuire à feu moyen pendant 10 minutes, répartissez le tout dans des bols et servez.

Nutrition: calories 225, lipides 6, fibres 3,4, glucides 8,6, protéines 8

Morue et petits pois

Temps de préparation : 10 minutes.
Temps de cuisson : 20 minutes.
Portions : 4

Ingrédients:
- 1 oignon jaune haché
- 2 cuillères à soupe d'huile d'olive
- ½ tasse de bouillon de poulet faible en sodium
- 4 filets de cabillaud, désossés, sans peau
- Poivre noir au goût
- 1 tasse de petits pois

Adresses :
1. Faites chauffer une casserole avec l'huile à feu moyen, ajoutez l'oignon, remuez et faites revenir pendant 4 minutes.
2. Ajoutez le poisson et faites cuire 3 minutes de chaque côté.
3. Ajoutez les petits pois et les autres ingrédients, faites cuire le tout encore 10 minutes, répartissez dans des assiettes et servez.

Nutrition: calories 240, lipides 8,4, fibres 2,7, glucides 7,6, protéines 14

Bols de crevettes et de moules

Temps de préparation : 5 minutes.
Temps de cuisson : 12 minutes.
Portions : 4

Ingrédients:
- 1 livre de moules, lavées
- ½ tasse de bouillon de poulet faible en sodium
- 1 livre de crevettes, décortiquées et déveinées
- 2 échalotes hachées
- 1 tasse de tomates cerises, coupées en dés
- 2 gousses d'ail, hachées
- 1 cuillère à soupe d'huile d'olive
- Jus de 1 citron

Adresses :
1. Faites chauffer une poêle avec l'huile à feu moyen, ajoutez les échalotes et l'ail et faites revenir 2 minutes.
2. Ajoutez les crevettes, les moules et le reste des ingrédients, faites cuire le tout à feu moyen pendant 10 minutes, répartissez dans des bols et servez.

Nutrition: calories 240, lipides 4,9, fibres 2,4, glucides 11,6, protéines 8

crème de menthe

Temps de préparation: 2 heures et 4 minutes

Temps de cuisson : 0 minutes.
Portions : 4

Ingrédients:
- 4 tasses de yaourt écrémé
- 1 tasse de crème de coco
- 3 cuillères à soupe de stévia
- 2 cuillères à café de zeste de citron vert râpé
- 1 cuillère à soupe de menthe hachée

Adresses :
1. Dans un mixeur, mélanger la crème avec le yaourt et le reste des ingrédients, bien mélanger, répartir dans des tasses et conserver au réfrigérateur 2 heures avant de servir.

Nutrition: calories 512, lipides 14,3, fibres 1,5, glucides 83,6, protéines 12,1

pouding aux framboises

Temps de préparation : 10 minutes.
Temps de cuisson : 24 minutes.
Portions : 4

Ingrédients:
- 1 tasse de framboises
- 2 cuillères à café de sucre de coco
- 3 œufs battus
- 1 cuillère à soupe d'huile d'avocat
- ½ tasse de lait d'amande
- ½ tasse de farine de noix de coco
- ¼ tasse de yaourt écrémé

Adresses :
1. Dans un bol, mélanger les framboises avec le sucre et le reste des ingrédients sauf l'enduit à cuisson et bien mélanger.
2. Graisser un moule à pudding avec un enduit à cuisson, ajouter le mélange de framboises, étaler, cuire au four à 400 degrés F pendant 24 minutes, répartir dans des assiettes à dessert et servir.

Nutrition: calories 215, lipides 11,3, fibres 3,4, glucides 21,3, protéines 6,7

Barres aux amandes

Temps de préparation : 10 minutes.
Temps de cuisson : 30 minutes.
Portions : 4

Ingrédients:
- 1 tasse d'amandes concassées
- 2 oeufs battus
- ½ tasse de lait d'amande
- 1 cuillère à café d'extrait de vanille
- 2/3 tasse de sucre de coco
- 2 tasses de farine de blé entier
- 1 cuillère à café de levure chimique
- aérosol de cuisson

Adresses :
1. Dans un bol, mélanger les amandes avec les œufs et le reste des ingrédients sauf l'enduit à cuisson et bien mélanger.
2. Versez le tout dans un moule carré enduit d'un enduit à cuisson, étalez bien, enfournez 30 minutes, laissez refroidir, coupez en barres et servez.

Nutrition: calories 463, lipides 22,5, fibres 11, glucides 54,4, protéines 16,9

Mélange de pêches au four

Temps de préparation : 10 minutes.
Temps de cuisson : 30 minutes.
Portions : 4

Ingrédients:
- 4 pêches dénoyautées et coupées en deux
- 1 cuillère à soupe de sucre de coco
- 1 cuillère à café d'extrait de vanille
- ¼ cuillère à café de cannelle en poudre
- 1 cuillère à soupe d'huile d'avocat

Adresses :
1. Dans un plat allant au four, mélanger les pêches avec le sucre et les autres ingrédients, cuire au four à 375 degrés F pendant 30 minutes, laisser refroidir et servir.

Nutrition: calories 91, lipides 0,8, fibres 2,5, glucides 19,2, protéines 1,7

Tarte aux noix de pécan

Temps de préparation : 10 minutes.
Temps de cuisson : 25 minutes.
Portions : 8

Ingrédients:
- 3 tasses de farine d'amande
- 1 tasse de sucre de coco
- 1 cuillère à soupe d'extrait de vanille
- ½ tasse de noix hachées
- 2 cuillères à café de bicarbonate de soude
- 2 tasses de lait de coco
- ½ tasse d'huile de coco fondue

Adresses :
1. Dans un bol, mélanger la farine d'amande avec le sucre et les autres ingrédients, bien battre, verser dans le moule à gâteau, étaler, mettre au four à 370 degrés F, cuire au four pendant 25 minutes.
2. Laissez refroidir le gâteau, coupez-le en tranches et servez.

Nutrition: calories 445, lipides 10, fibres 6,5, glucides 31,4, protéines 23,5

Tarte aux pommes

Temps de préparation : 10 minutes.
Temps de cuisson : 30 minutes.
Portions : 4

Ingrédients:
- 2 tasses de farine d'amande
- 1 cuillère à café de bicarbonate de soude
- 1 cuillère à café de levure chimique
- ½ cuillère à café de cannelle moulue
- 2 cuillères à soupe de sucre de coco
- 1 tasse de lait d'amande
- 2 pommes vertes, épépinées, pelées et hachées
- aérosol de cuisson

Adresses :
1. Dans un bol, mélanger la farine, le bicarbonate de soude, les pommes et le reste des ingrédients, à l'exception de l'enduit à cuisson, et bien battre.
2. Versez le tout dans un moule à gâteau graissé avec un enduit à cuisson, étalez bien, placez au four et faites cuire au four à 360 degrés F pendant 30 minutes.
3. Refroidissez le gâteau, coupez-le en tranches et servez.

Nutrition: calories 332, lipides 22,4, fibres 9l,6, glucides 22,2, protéines 12,3

crème à la cannelle

Temps de préparation : 2 heures.
Temps de cuisson : 10 minutes.
Portions : 4

Ingrédients:
- 1 tasse de lait d'amande écrémé
- 1 tasse de crème de coco
- 2 tasses de sucre de coco
- 2 cuillères à soupe de cannelle en poudre
- 1 cuillère à café d'extrait de vanille

Adresses :
1. Faites chauffer une casserole avec le lait d'amande à feu moyen, ajoutez le reste des ingrédients, battez et laissez cuire encore 10 minutes.
2. Répartissez le mélange dans des bols, laissez refroidir et conservez au réfrigérateur pendant 2 heures avant de servir.

Nutrition: calories 254, lipides 7,5, fibres 5, glucides 16,4, protéines 9,5

Mélange crémeux aux fraises

Temps de préparation : 10 minutes.
Temps de cuisson : 0 minutes.
Portions : 4

Ingrédients:
- 1 cuillère à café d'extrait de vanille
- 2 tasses de fraises hachées
- 1 cuillère à café de sucre de coco
- 8 onces de yaourt écrémé

Adresses :
1. Dans un bol, mélanger les fraises avec la vanille et les autres ingrédients, mélanger et servir froid.

Nutrition: calories 343, lipides 13,4, fibres 6, glucides 15,43, protéines 5,5

Brownies à la vanille et aux noix

Temps de préparation : 10 minutes.
Temps de cuisson : 25 minutes.
Portions : 8

Ingrédients:
- 1 tasse de noix hachées
- 3 cuillères à soupe de sucre de coco
- 2 cuillères à soupe de cacao en poudre
- 3 œufs battus
- ¼ tasse d'huile de coco fondue
- ½ cuillère à café de levure chimique
- 2 cuillères à café d'extrait de vanille
- aérosol de cuisson

Adresses :
1. Dans votre robot culinaire, mélangez les noix de pécan avec le sucre de coco et le reste des ingrédients, à l'exception de l'enduit à cuisson, et mélangez bien.
2. Graisser un moule carré avec un enduit à cuisson, ajouter le mélange à brownie, étaler, mettre au four, cuire au four à 350 degrés F pendant 25 minutes, laisser refroidir, trancher et servir.

Nutrition: calories 370, lipides 14,3, fibres 3, glucides 14,4, protéines 5,6

gâteau aux fraises

Temps de préparation : 10 minutes.
Temps de cuisson : 25 minutes.
Portions : 6

Ingrédients:
- 2 tasses de farine de blé entier
- 1 tasse de fraises hachées
- ½ cuillère à café de bicarbonate de soude
- ½ tasse de sucre de coco
- ¾ tasse de lait de coco
- ¼ tasse d'huile de coco fondue
- 2 oeufs battus
- 1 cuillère à café d'extrait de vanille
- aérosol de cuisson

Adresses :
1. Dans un bol, mélanger la farine avec les fraises et le reste des ingrédients sauf le coca spray et bien battre.
2. Beurrer un moule à gâteau avec un enduit à cuisson, verser le mélange à gâteau, étaler, cuire au four à 350 degrés F pendant 25 minutes, laisser refroidir, trancher et servir.

Nutrition: calories 465, lipides 22,1, fibres 4, glucides 18,3, protéines 13,4

pudding au cacao

Temps de préparation : 10 minutes.
Temps de cuisson : 10 minutes.
Portions : 4

Ingrédients:
- 2 cuillères à soupe de sucre de coco
- 3 cuillères à soupe de farine de noix de coco
- 2 cuillères à soupe de cacao en poudre
- 2 tasses de lait d'amande
- 2 oeufs battus
- ½ cuillère à café d'extrait de vanille

Adresses :
1. Mettez le lait dans une casserole, ajoutez le cacao et les autres ingrédients, battez, faites bouillir à feu moyen pendant 10 minutes, versez dans des petites tasses et servez froid.

Nutrition: calories 385, lipides 31,7, fibres 5,7, glucides 21,6, protéines 7,3

Crème de muscade et vanille

Temps de préparation : 10 minutes.
Temps de cuisson : 0 minutes.
Portions : 6

Ingrédients:
- 3 tasses de lait écrémé
- 1 cuillère à café de muscade moulue
- 2 cuillères à café d'extrait de vanille
- 4 cuillères à café de sucre de coco
- 1 tasse de noix hachées

Adresses :
1. Dans un bol, mélanger le lait avec la muscade et les autres ingrédients, bien battre, répartir dans des petites tasses et servir froid.

Nutrition: calories 243, lipides 12,4, fibres 1,5, glucides 21,1, protéines 9,7

Crème d'avocat

Temps de préparation: 1 heure et 10 minutes

Temps de cuisson : 0 minutes.
Portions : 4

Ingrédients:
- 2 tasses de crème de coco
- 2 avocats pelés, dénoyautés et écrasés
- 2 cuillères à soupe de sucre de coco
- 1 cuillère à café d'extrait de vanille

Adresses :
1. Dans un mixeur, mélanger la crème avec les avocats et le reste des ingrédients, bien mélanger, répartir dans des tasses et conserver au réfrigérateur 1 heure avant de servir.

Nutrition: calories 532, lipides 48,2, fibres 9,4, glucides 24,9, protéines 5,2

Crème de framboise

Temps de préparation : 10 minutes.
Temps de cuisson : 25 minutes.
Portions : 4

Ingrédients:
- 2 cuillères à soupe de farine d'amande
- 1 tasse de crème de coco
- 3 tasses de framboises
- 1 tasse de sucre de coco
- 8 onces de fromage à la crème faible en gras

Adresses :
1. Dans un bol, fouetter la farine avec la crème et les autres ingrédients, transférer dans une poêle ronde, cuire à 360 degrés F pendant 25 minutes, répartir dans des bols et servir.

Nutrition: calories 429, lipides 36,3, fibres 7,7, glucides 21,3, protéines 7,8

salade de pastèque

Temps de préparation : 4 minutes.
Temps de cuisson : 0 minutes.
Portions : 4

Ingrédients:
- 1 tasse de pastèque, pelée et coupée en cubes
- 2 pommes, épépinées et coupées en cubes
- 1 cuillère à soupe de crème de coco
- 2 bananes, coupées en morceaux

Adresses :
1. Dans un bol, mélanger la pastèque avec les pommes et les autres ingrédients, mélanger et servir.

Nutrition: calories 131, lipides 1,3, fibres 4,5, glucides 31,9, protéines 1,3

Mélange de poire et de noix de coco

Temps de préparation : 10 minutes.
Temps de cuisson : 10 minutes.
Portions : 4

Ingrédients:
- 2 cuillères à café de jus de citron vert
- ½ tasse de crème de coco
- ½ tasse de noix de coco râpée
- 4 poires, épépinées et coupées en cubes
- 4 cuillères à soupe de sucre de coco

Adresses :
1. Dans une casserole, mélangez les poires avec le jus de citron et les autres ingrédients, remuez, portez à ébullition à feu moyen et laissez cuire 10 minutes.
2. Répartir dans les bols et servir froid.

Nutrition: calories 320, lipides 7,8, fibres 3, glucides 6,4, protéines 4,7

Compote de pommes

Temps de préparation : 10 minutes.
Temps de cuisson : 15 minutes.
Portions : 4

Ingrédients:
- 5 cuillères à soupe de sucre de coco
- 2 tasses de jus d'orange
- 4 pommes, épépinées et coupées en cubes

Adresses :
1. Dans une casserole, mélanger les pommes avec le sucre et le jus d'orange, mélanger, porter à ébullition sur feu moyen, laisser cuire 15 minutes, répartir dans les bols et servir froid.

Nutrition: calories 220, lipides 5,2, fibres 3, glucides 5,6, protéines 5,6

Ragoût d'abricots

Temps de préparation : 10 minutes.
Temps de cuisson : 15 minutes.
Portions : 4

Ingrédients:
- 2 tasses d'abricots, coupés en deux
- 2 tasses d'eau
- 2 cuillères à soupe de sucre de coco
- 2 cuillères à soupe de jus de citron

Adresses :
1. Dans une casserole, mélanger les abricots avec l'eau et les autres ingrédients, mélanger, cuire à feu moyen pendant 15 minutes, répartir dans les bols et servir.

Nutrition: calories 260, lipides 6,2, fibres 4,2, glucides 5,6, protéines 6

Mélange de melon et de citron

Temps de préparation : 10 minutes.
Temps de cuisson : 10 minutes.
Portions : 4

Ingrédients:
- 2 tasses de cantaloup, pelé et coupé en cubes
- 4 cuillères à soupe de sucre de coco
- 2 cuillères à café d'extrait de vanille
- 2 cuillères à café de jus de citron

Adresses :
1. Dans une petite casserole, mélanger le melon avec le sucre et les autres ingrédients, mélanger, chauffer à feu moyen, cuire environ 10 minutes, répartir dans les bols et servir froid.

Nutrition: calories 140, lipides 4, fibres 3,4, glucides 6,7, protéines 5

Tartinade crémeuse à la rhubarbe

Temps de préparation : 10 minutes.
Temps de cuisson : 14 minutes.
Portions : 4

Ingrédients:
- 1/3 tasse de fromage à la crème faible en gras
- ½ tasse de crème de coco
- 2 livres de rhubarbe, hachée
- 3 cuillères à soupe de sucre de coco

Adresses :
1. Dans un mixeur, mélanger le fromage à la crème avec la crème et les autres ingrédients et bien mélanger.
2. Répartissez dans de petites tasses, placez au four et faites cuire au four à 350 degrés F pendant 14 minutes.
3. Servir froid.

Nutrition: calories 360, lipides 14,3, fibres 4,4, glucides 5,8, protéines 5,2

Bols d'ananas

Temps de préparation : 10 minutes.
Temps de cuisson : 0 minutes.
Portions : 4

Ingrédients:
- 3 tasses d'ananas pelé et coupé en cubes
- 1 cuillère à café de graines de chia
- 1 tasse de crème de coco
- 1 cuillère à café d'extrait de vanille
- 1 cuillère à soupe de menthe hachée

Adresses :
1. Dans un bol, mélanger l'ananas avec la crème et les autres ingrédients, mélanger, répartir dans des bols plus petits et réfrigérer 10 minutes avant de servir.

Nutrition: calories 238, lipides 16,6, fibres 5,6, glucides 22,8, protéines 3,3

ragoût de myrtilles

Temps de préparation : 10 minutes.
Temps de cuisson : 10 minutes.
Portions : 4

Ingrédients:
- 2 cuillères à soupe de jus de citron
- 1 tasse d'eau
- 3 cuillères à soupe de sucre de coco
- 12 onces de myrtilles

Adresses :
1. Dans une casserole, mélanger les canneberges avec le sucre et les autres ingrédients, porter à ébullition et cuire à feu moyen pendant 10 minutes.
2. Répartir dans les bols et servir.

Nutrition: calories 122, lipides 0,4, fibres 2,1, glucides 26,7, protéines 1,5

pudding au citron vert

Temps de préparation : 10 minutes.
Temps de cuisson : 15 minutes.
Portions : 4

Ingrédients:
- 2 tasses de crème de coco
- Jus d'1 citron vert
- Le zeste d'1 citron vert râpé
- 3 cuillères à soupe d'huile de coco fondue
- 1 oeuf battu
- 1 cuillère à café de levure chimique

Adresses :
1. Dans un bol, mélanger la crème avec le jus de citron vert et les autres ingrédients et bien battre.
2. Répartir dans des petits ramequins, mettre au four et cuire au four à 360 degrés F pendant 15 minutes.
3. Servir le pudding froid.

Nutrition: calories 385, lipides 39,9, fibres 2,7, glucides 8,2, protéines 4,2

Crème de pêche

Temps de préparation : 10 minutes.
Temps de cuisson : 0 minutes.
Portions : 4

Ingrédients:
- 3 tasses de crème de coco
- 2 pêches dénoyautées et hachées
- 1 cuillère à café d'extrait de vanille
- ½ tasse d'amandes hachées

Adresses :
1. Dans un mixeur, mélanger la crème et le reste des ingrédients, bien mélanger, répartir dans des petits bols et servir froid.

Nutrition: calories 261, lipides 13, fibres 5,6, glucides 7, protéines 5,4

Mélange de prunes à la cannelle

Temps de préparation : 10 minutes.
Temps de cuisson : 15 minutes.
Portions : 4

Ingrédients:
- 1 livre de prunes, dénoyautées et coupées en deux
- 2 cuillères à soupe de sucre de coco
- ½ cuillère à café de cannelle moulue
- 1 tasse d'eau

Adresses :
1. Dans une casserole, mélanger les prunes avec le sucre et les autres ingrédients, porter à ébullition et cuire à feu moyen pendant 15 minutes.
2. Répartir dans les bols et servir froid.

Nutrition: calories 142, lipides 4, fibres 2,4, glucides 14, protéines 7

Pommes Chia et Vanille

Temps de préparation : 10 minutes.
Temps de cuisson : 10 minutes.
Portions : 4

Ingrédients:
- 2 tasses de pommes, épépinées et coupées en quartiers
- 2 cuillères à soupe de graines de chia
- 1 cuillère à café d'extrait de vanille
- 2 tasses de jus de pomme naturel non sucré

Adresses :
1. Dans une petite casserole, mélanger les pommes avec les graines de chia et les autres ingrédients, mélanger, cuire à feu moyen pendant 10 minutes, répartir dans les bols et servir froid.

Nutrition: calories 172, lipides 5,6, fibres 3,5, glucides 10, protéines 4,4

Pudding au riz et aux poires

Temps de préparation : 10 minutes.
Temps de cuisson : 25 minutes.
Portions : 4

Ingrédients:
- 6 tasses d'eau
- 1 tasse de sucre de coco
- 2 tasses de riz noir
- 2 poires, épépinées et coupées en cubes
- 2 cuillères à café de cannelle en poudre

Adresses :
1. Mettez l'eau dans une casserole, faites chauffer à feu moyen-vif, ajoutez le riz, le sucre et les autres ingrédients, remuez, portez à ébullition, réduisez le feu à moyen et laissez cuire 25 minutes.
2. Répartir dans les bols et servir froid.

Nutrition: calories 290, lipides 13,4, fibres 4, glucides 13,20, protéines 6,7

ragoût de rhubarbe

Temps de préparation : 10 minutes.
Temps de cuisson : 15 minutes.
Portions : 4

Ingrédients:
- 2 tasses de rhubarbe, hachée
- 3 cuillères à soupe de sucre de coco
- 1 cuillère à café d'extrait d'amande
- 2 tasses d'eau

Adresses :
1. Dans une casserole, mélanger la rhubarbe avec les autres ingrédients, mélanger, porter à ébullition sur feu moyen, laisser cuire 15 minutes, répartir dans les bols et servir froid.

Nutrition: calories 142, lipides 4,1, fibres 4,2, glucides 7, protéines 4

Crème de rhubarbe

Temps de préparation : 1 heure.
Temps de cuisson : 10 minutes.
Portions : 4

Ingrédients:
- 2 tasses de crème de coco
- 1 tasse de rhubarbe hachée
- 3 œufs battus
- 3 cuillères à soupe de sucre de coco
- 1 cuillère à soupe de jus de citron vert

Adresses :
1. Dans une petite casserole, mélanger la crème avec la rhubarbe et le reste des ingrédients, bien fouetter, cuire à feu moyen pendant 10 minutes, mixer au mixeur plongeant, répartir dans les bols et réfrigérer 1 heure avant de servir.

Nutrition: calories 230, lipides 8,4, fibres 2,4, glucides 7,8, protéines 6

Salade de myrtilles

Temps de préparation : 5 minutes.
Temps de cuisson : 0 minutes.
Portions : 4

Ingrédients:
- 2 tasses de myrtilles
- 3 cuillères à soupe de menthe hachée
- 1 poire, épépinée et coupée en cubes
- 1 pomme, épépinée et coupée en cubes
- 1 cuillère à soupe de sucre de coco

Adresses :
1. Dans un bol, mélanger les canneberges avec la menthe et les autres ingrédients, mélanger et servir froid.

Nutrition: calories 150, lipides 2,4, fibres 4, glucides 6,8, protéines 6

Dattes et crème de banane

Temps de préparation : 5 minutes.
Temps de cuisson : 0 minutes.
Portions : 4

Ingrédients:
- 1 tasse de lait d'amande
- 1 banane, pelée et tranchée
- 1 cuillère à café d'extrait de vanille
- ½ tasse de crème de coco
- dattes, hachées

Adresses :
1. Dans un mixeur, mélanger les dattes avec la banane et les autres ingrédients, bien mélanger, répartir dans des petites tasses et servir froid.

Nutrition: calories 271, lipides 21,6, fibres 3,8, glucides 21,2, protéines 2,7

Muffins aux prunes

Temps de préparation : 10 minutes.
Temps de cuisson : 25 minutes.
Portions : 12

Ingrédients:
- 3 cuillères à soupe d'huile de coco fondue
- ½ tasse de lait d'amande
- 4 oeufs battus
- 1 cuillère à café d'extrait de vanille
- 1 tasse de farine d'amande
- 2 cuillères à café de cannelle en poudre
- ½ cuillère à café de levure chimique
- 1 tasse de prunes, dénoyautées et hachées

Adresses :
1. Dans un bol, mélanger l'huile de coco avec le lait d'amande et les autres ingrédients et bien battre.
2. Répartir dans un moule à muffins, mettre au four à 350 degrés F et cuire 25 minutes.
3. Servir les muffins froids.

Nutrition:calories 270, lipides 3,4, fibres 4,4, glucides 12, protéines 5

Bols de prunes et raisins secs

Temps de préparation : 10 minutes.
Temps de cuisson : 20 minutes.
Portions : 4

Ingrédients:
- ½ livre de prunes, dénoyautées et coupées en deux
- 2 cuillères à soupe de sucre de coco
- 4 cuillères à soupe de raisins secs
- 1 cuillère à café d'extrait de vanille
- 1 tasse de crème de coco

Adresses :
1. Dans une casserole, mélanger les prunes avec le sucre et les autres ingrédients, porter à ébullition et cuire à feu moyen pendant 20 minutes.
2. Répartir dans les bols et servir.

Nutrition: calories 219, lipides 14,4, fibres 1,8, glucides 21,1, protéines 2,2

Barres aux graines de tournesol

Temps de préparation : 10 minutes.
Temps de cuisson : 20 minutes.
Portions : 6

Ingrédients:
- 1 tasse de farine de noix de coco
- ½ cuillère à café de bicarbonate de soude
- 1 cuillère à soupe de graines de lin
- 3 cuillères à soupe de lait d'amande
- 1 tasse de graines de tournesol
- 2 cuillères à soupe d'huile de coco fondue
- 1 cuillère à café d'extrait de vanille

Adresses :
1. Dans un bol, mélanger la farine avec le bicarbonate de soude et les autres ingrédients, bien mélanger, étaler sur une plaque à pâtisserie, bien presser, cuire au four à 350 degrés F pendant 20 minutes, laisser refroidir de côté, couper en barres et servir. .

Nutrition: calories 189, lipides 12,6, fibres 9,2, glucides 15,7, protéines 4,7

Bols de mûres et de noix de cajou

Temps de préparation : 10 minutes.

Temps de cuisson : 0 minutes.

Portions : 4

Ingrédients:

- 1 tasse de noix de cajou
- 2 tasses de mûres
- ¾ tasse de crème de coco
- 1 cuillère à café d'extrait de vanille
- 1 cuillère à soupe de sucre de coco

Adresses :

1. Dans un bol, mélanger les noix de cajou avec les baies et les autres ingrédients, mélanger, répartir dans des petits bols et servir.

Nutrition: calories 230, lipides 4, fibres 3,4, glucides 12,3, protéines 8

Bols d'orange et de mandarine

Temps de préparation : 4 minutes.
Temps de cuisson : 8 minutes.
Portions : 4

Ingrédients:
- 4 oranges pelées et coupées en quartiers
- 2 mandarines pelées et coupées en quartiers
- Jus d'1 citron vert
- 2 cuillères à soupe de sucre de coco
- 1 tasse d'eau

Adresses :
1. Dans une casserole, mélanger les oranges avec les mandarines et les autres ingrédients, porter à ébullition et cuire à feu moyen pendant 8 minutes.
2. Répartir dans les bols et servir froid.

Nutrition: calories 170, lipides 2,3, fibres 2,3, glucides 11, protéines 3,4

Crème de potiron

Temps de préparation : 2 heures.
Temps de cuisson : 0 minutes.
Portions : 4

Ingrédients:
- 2 tasses de crème de coco
- 1 tasse de purée de citrouille
- 14 onces de crème de coco
- 3 cuillères à soupe de sucre de coco

Adresses :
1. Dans un bol, mélanger la crème avec la purée de potiron et le reste des ingrédients, bien battre, répartir dans des petits bols et réserver au réfrigérateur 2 heures avant de servir.

Nutrition: calories 350, lipides 12,3, fibres 3, glucides 11,7, protéines 6

Mélange figues et rhubarbe

Temps de préparation : 6 minutes.
Temps de cuisson : 14 minutes.
Portions : 4

Ingrédients:
- 2 cuillères à soupe d'huile de coco fondue
- 1 tasse de rhubarbe, hachée
- 12 figues, coupées en deux
- ¼ tasse de sucre de coco
- 1 tasse d'eau

Adresses :
1. Faites chauffer une poêle avec l'huile à feu moyen, ajoutez les figues et le reste des ingrédients, mélangez, laissez cuire 14 minutes, répartissez dans des petites tasses et servez froid.

Nutrition: calories 213, lipides 7,4, fibres 6,1, glucides 39, protéines 2,2

Banane épicée

Temps de préparation : 4 minutes.
Temps de cuisson : 15 minutes.
Portions : 4

Ingrédients:
- 4 bananes pelées et coupées en deux
- 1 cuillère à café de muscade moulue
- 1 cuillère à café de cannelle en poudre
- Jus d'1 citron vert
- 4 cuillères à soupe de sucre de coco

Adresses :
1. Placer les bananes dans un plat allant au four, ajouter la muscade et les autres ingrédients, cuire au four à 350 degrés F pendant 15 minutes.
2. Répartissez les bananes cuites dans les assiettes et servez.

Nutrition: calories 206, lipides 0,6, fibres 3,2, glucides 47,1, protéines 2,4

shake au cacao

Temps de préparation : 5 minutes.
Temps de cuisson : 0 minutes.
Portions : 2

Ingrédients:

- 2 cuillères à café de cacao en poudre
- 1 avocat dénoyauté, pelé et écrasé
- 1 tasse de lait d'amande
- 1 tasse de crème de coco

Adresses :

1. Dans votre mixeur, mélangez le lait d'amande avec la crème et les autres ingrédients, mélangez bien, répartissez dans des tasses et servez froid.

Nutrition: calories 155, lipides 12,3, fibres 4, glucides 8,6, protéines 5

barres de banane

Temps de préparation : 30 minutes.

Temps de cuisson : 0 minutes.

Portions : 4

Ingrédients:

- 1 tasse d'huile de coco fondue
- 2 bananes pelées et hachées
- 1 avocat pelé, dénoyauté et écrasé
- ½ tasse de sucre de coco
- ¼ tasse de jus de citron vert
- 1 cuillère à café de zeste de citron râpé
- aérosol de cuisson

Adresses :

1. Dans votre robot culinaire, mélangez les bananes avec l'huile et les autres ingrédients, à l'exception de l'enduit à cuisson, et mélangez bien.
2. Beurrer une poêle avec un enduit à cuisson, verser et étaler le mélange de bananes, étaler, réserver 30 minutes au réfrigérateur, couper en barres et servir.

Nutrition: calories 639, lipides 64,6, fibres 4,9, glucides 20,5, protéines 1,7

Barres au thé vert et aux dattes

Temps de préparation : 10 minutes.
Temps de cuisson : 30 minutes.
Portions : 8

Ingrédients:
- 2 cuillères à soupe de thé vert en poudre
- 2 tasses de lait de coco réchauffé
- ½ tasse d'huile de coco fondue
- 2 tasses de sucre de coco
- 4 oeufs battus
- 2 cuillères à café d'extrait de vanille
- 3 tasses de farine d'amande
- 1 cuillère à café de bicarbonate de soude
- 2 cuillères à café de levure

Adresses :
1. Dans un bol, mélanger le lait de coco avec la poudre de thé vert et le reste des ingrédients, bien mélanger, verser dans un moule carré, étaler, mettre au four, enfourner à 350 degrés pendant 30 minutes, laisser refroidir, couper en barres. et servir.

Nutrition: calories 560, lipides 22,3, fibres 4, glucides 12,8, protéines 22,1

Crème de noix

Temps de préparation : 2 heures.
Temps de cuisson : 0 minutes.
Portions : 4

Ingrédients:
- 2 tasses de lait d'amande
- ½ tasse de crème de coco
- ½ tasse de noix hachées
- 3 cuillères à soupe de sucre de coco
- 1 cuillère à café d'extrait de vanille

Adresses :
1. Dans un bol, mélanger le lait d'amande avec la crème et le reste des ingrédients, bien battre, répartir dans des tasses et réserver au réfrigérateur 2 heures avant de servir.

Nutrition: calories 170, lipides 12,4, fibres 3, glucides 12,8, protéines 4

Gâteau au citron

Temps de préparation : 10 minutes.
Temps de cuisson : 35 minutes.
Portions : 6

Ingrédients:
- 2 tasses de farine de blé entier
- 1 cuillère à café de levure chimique
- 2 cuillères à soupe d'huile de coco fondue
- 1 oeuf battu
- 3 cuillères à soupe de sucre de coco
- 1 tasse de lait d'amande
- Le zeste d'1 citron râpé
- Jus de 1 citron

Adresses :
1. Dans un bol, mélangez la farine avec l'huile et les autres ingrédients, mélangez bien, transférez le tout dans un moule à gâteau et enfournez à 360 degrés F pendant 35 minutes.
2. Couper et servir froid.

Nutrition: calories 222, lipides 12,5, fibres 6,2, glucides 7, protéines 17,4

barres aux raisins

Temps de préparation : 10 minutes.
Temps de cuisson : 25 minutes.
Portions : 6

Ingrédients:
- 1 cuillère à café de cannelle en poudre
- 2 tasses de farine d'amande
- 1 cuillère à café de levure chimique
- ½ cuillère à café de muscade moulue
- 1 tasse d'huile de coco fondue
- 1 tasse de sucre de coco
- 1 oeuf battu
- 1 tasse de raisins secs

Adresses :
1. Dans un bol, mélanger la farine avec la cannelle et les autres ingrédients, bien mélanger, étaler sur une plaque à pâtisserie tapissée, mettre au four, cuire à 380 degrés F pendant 25 minutes, couper en barres et servir froid.

Nutrition: calories 274, lipides 12, fibres 5,2, glucides 14,5, protéines 7

Carrés de nectarines

Temps de préparation : 10 minutes.
Temps de cuisson : 20 minutes.
Portions : 4

Ingrédients:
- 3 nectarines dénoyautées et hachées
- 1 cuillère à soupe de sucre de coco
- ½ cuillère à café de bicarbonate de soude
- 1 tasse de farine d'amande
- 4 cuillères à soupe d'huile de coco fondue
- 2 cuillères à soupe de cacao en poudre

Adresses :
1. Dans un mixeur, mélanger les nectarines avec le sucre et le reste des ingrédients, bien mélanger, verser dans un moule carré tapissé, étaler, cuire au four à 375 degrés pendant 20 minutes, réserver le mélange pour qu'il refroidisse un peu. , Couper en carrés et servir.

Nutrition: calories 342, lipides 14,4, fibres 7,6, glucides 12, protéines 7,7

Ragoût de raisin

Temps de préparation : 10 minutes.
Temps de cuisson : 20 minutes.
Portions : 4

Ingrédients:
- 1 tasse de raisins verts
- Jus de ½ citron vert
- 2 cuillères à soupe de sucre de coco
- 1 tasse et demie d'eau
- 2 cuillères à café de poudre de cardamome

Adresses :
1. Faites chauffer une casserole avec l'eau à feu moyen, ajoutez les raisins et le reste des ingrédients, portez à ébullition, laissez cuire 20 minutes, répartissez dans des bols et servez.

Nutrition: calories 384, lipides 12,5, fibres 6,3, glucides 13,8, protéines 5,6

Crème Mandarine et Prune

Temps de préparation : 10 minutes.
Temps de cuisson : 20 minutes.
Portions : 4

Ingrédients:
- 1 mandarine, pelée et hachée
- ½ livre de prunes, dénoyautées et hachées
- 1 tasse de crème de coco
- Jus de 2 mandarines
- 2 cuillères à soupe de sucre de coco

Adresses :
1. Dans un mixeur, mélanger la mandarine avec les prunes et les autres ingrédients, bien mélanger, répartir dans des petits ramequins, mettre au four, enfourner à 350 degrés F pendant 20 minutes et servir froid.

Nutrition: calories 402, lipides 18,2, fibres 2, glucides 22,2, protéines 4,5

Crème De Cerise Et Fraise

Temps de préparation : 10 minutes.
Temps de cuisson : 0 minutes.
Portions : 6

Ingrédients:
- 1 livre de cerises, dénoyautées
- 1 tasse de fraises hachées
- ¼ tasse de sucre de coco
- 2 tasses de crème de coco

Adresses :
1. Dans un mixeur, mélanger les cerises avec les autres ingrédients, bien mélanger, répartir dans des bols et servir froid.

Nutrition:calories 342, lipides 22,1, fibres 5,6, glucides 8,4, protéines 6,5

Noix de cardamome et riz au lait

Temps de préparation : 5 minutes.
Temps de cuisson : 40 minutes.
Portions : 4

Ingrédients:
- 1 tasse de riz basmati
- 3 tasses de lait d'amande
- 3 cuillères à soupe de sucre de coco
- ½ cuillère à café de poudre de cardamome
- ¼ tasse de noix hachées

Adresses :
1. Dans une casserole, mélanger le riz avec le lait et les autres ingrédients, remuer, cuire 40 minutes à feu moyen, répartir dans les bols et servir froid.

Nutrition: calories 703, lipides 47,9, fibres 5,2, glucides 62,1, protéines 10,1

pain aux poires

Temps de préparation : 10 minutes.
Temps de cuisson : 30 minutes.
Portions : 4

Ingrédients:
- 2 tasses de poires, évidées et coupées en cubes
- 1 tasse de sucre de coco
- 2 oeufs battus
- 2 tasses de farine d'amande
- 1 cuillère à soupe de levure chimique
- 1 cuillère à soupe d'huile de coco fondue

Adresses :
1. Dans un bol, mélangez les poires avec le sucre et les autres ingrédients, battez, versez dans un moule à cake, mettez au four et enfournez à 350 degrés F pendant 30 minutes.
2. Couper et servir froid.

Nutrition: calories 380, lipides 16,7, fibres 5, glucides 17,5, protéines 5,6

Pudding au riz et aux cerises

Temps de préparation : 10 minutes.
Temps de cuisson : 25 minutes.
Portions : 4

Ingrédients:
- 1 cuillère à soupe d'huile de coco fondue
- 1 tasse de riz blanc
- 3 tasses de lait d'amande
- ½ tasse de cerises dénoyautées et coupées en deux
- 3 cuillères à soupe de sucre de coco
- 1 cuillère à café de cannelle en poudre
- 1 cuillère à café d'extrait de vanille

Adresses :
1. Dans une poêle, mélanger l'huile avec le riz et les autres ingrédients, remuer, porter à ébullition, cuire 25 minutes à feu moyen, répartir dans les bols et servir froid.

Nutrition: calories 292, lipides 12,4, fibres 5,6, glucides 8, protéines 7

ragoût de pastèque

Temps de préparation : 5 minutes.
Temps de cuisson : 8 minutes.
Portions : 4

Ingrédients:
- Jus d'1 citron vert
- 1 cuillère à café de zeste de citron vert râpé
- 1 et ½ tasse de sucre de coco
- 4 tasses de pastèque, pelée et coupée en gros morceaux
- 1 tasse et demie d'eau

Adresses :
1. Dans une casserole, mélanger la pastèque avec le zeste de citron vert et les autres ingrédients, mélanger, porter à ébullition à feu moyen, cuire 8 minutes, répartir dans les bols et servir froid.

Nutrition:: calories 233, lipides 0,2, fibres 0,7, glucides 61,5, protéines 0,9

pudding au gingembre

Temps de préparation : 1 heure.
Temps de cuisson : 0 minutes.
Portions : 4

Ingrédients:
- 2 tasses de lait d'amande
- ½ tasse de crème de coco
- 2 cuillères à soupe de sucre de coco
- 1 cuillère à soupe de gingembre râpé
- ¼ tasse de graines de chia

Adresses :
1. Dans un bol, mélanger le lait avec la crème et le reste des ingrédients, bien battre, répartir dans des petites tasses et conserver au réfrigérateur 1 heure avant de servir.

Nutrition: calories 345, lipides 17, fibres 4,7, glucides 11,5, protéines 6,9

crème de cajou

Temps de préparation : 2 heures.
Temps de cuisson : 0 minutes.
Portions : 4

Ingrédients:
- 1 tasse de noix de cajou hachées
- 2 cuillères à soupe d'huile de coco fondue
- 2 cuillères à soupe d'huile de coco fondue
- 1 tasse de crème de coco
- cuillères à soupe de jus de citron
- 1 cuillère à soupe de sucre de coco

Adresses :
1. Dans un mixeur, mélanger les noix de cajou avec l'huile de coco et les autres ingrédients, bien mélanger, répartir dans de petites tasses et réfrigérer 2 heures avant de servir.

Nutrition: calories 480, lipides 43,9, fibres 2,4, glucides 19,7, protéines 7

Biscuits au chanvre

Temps de préparation : 30 minutes.
Temps de cuisson : 0 minutes.
Portions : 6

Ingrédients:
- 1 tasse d'amandes, trempées toute la nuit et égouttées
- 2 cuillères à soupe de cacao en poudre
- 1 cuillère à soupe de sucre de coco
- ½ tasse de graines de chanvre
- ¼ tasse de noix de coco râpée
- ½ tasse d'eau

Adresses :
1. Dans votre robot culinaire, mélangez les amandes avec la poudre de cacao et les autres ingrédients, mélangez bien, pressez le tout sur une plaque à pâtisserie tapissée, conservez au réfrigérateur pendant 30 minutes, coupez en tranches et servez.

Nutrition: calories 270, lipides 12,6, fibres 3, glucides 7,7, protéines 7

Bols d'amandes et de grenades

Temps de préparation : 2 heures.
Temps de cuisson : 0 minutes.
Portions : 4

Ingrédients:
- ½ tasse de crème de coco
- 1 cuillère à café d'extrait de vanille
- 1 tasse d'amandes hachées
- 1 tasse de graines de grenade
- 1 cuillère à soupe de sucre de coco

Adresses :
1. Dans un bol, mélanger les amandes avec la crème et les autres ingrédients, mélanger, répartir dans des petits bols et servir.

Nutrition: calories 258, lipides 19, fibres 3,9, glucides 17,6, protéines 6,2

Pommes de terre rissolées et légumes

Temps de préparation : 10 minutes.
Temps de cuisson : 20 minutes.
Portions : 4

Ingrédients:
- 1 cuillère à soupe d'huile d'olive
- 4 oeufs battus
- 1 tasse de croquettes de pommes de terre
- ½ tasse de fromage cheddar écrémé, râpé
- 1 petit oignon jaune, haché
- Une pincée de poivre noir
- ½ poivron vert haché
- ½ poivron rouge haché
- 1 carotte hachée
- 1 cuillère à soupe de coriandre hachée

Adresses :
1. Faites chauffer une poêle avec l'huile à feu moyen-vif, ajoutez l'oignon et les croquettes et laissez cuire 5 minutes.
2. Ajoutez les poivrons et les carottes, remuez et laissez cuire encore 5 minutes.
3. Ajoutez les œufs, le poivre noir et le fromage, remuez et laissez cuire encore 10 minutes.
4. Ajoutez la coriandre, remuez, laissez cuire encore quelques secondes, répartissez le tout dans des assiettes et servez au petit-déjeuner.

Nutrition: calories 277, lipides 17,5, fibres 2,7, glucides 19,9, protéines 11

Risotto à la ciboulette et au bacon

Temps de préparation : 10 minutes.
Temps de cuisson : 25 minutes.
Portions : 4

Ingrédients:
- 3 tranches de bacon, faible en sodium, hachées
- 1 cuillère à soupe d'huile d'avocat
- 1 tasse de riz blanc
- 1 oignon rouge haché
- 2 tasses de bouillon de poulet faible en sodium
- 2 cuillères à soupe de parmesan faible en gras râpé
- 1 cuillère à soupe de ciboulette hachée
- Une pincée de poivre noir

Adresses :
1. Faites chauffer une poêle avec l'huile à feu moyen-vif, ajoutez l'oignon et le bacon, remuez et laissez cuire 5 minutes.
2. Ajoutez le riz et les autres ingrédients, mélangez, portez à ébullition et laissez cuire à feu moyen pendant 20 minutes.
3. Remuez le mélange, répartissez dans des bols et servez au petit-déjeuner.

Nutrition: calories 271, lipides 7,2, fibres 1,4, glucides 40, protéines 9,9

Quinoa à la cannelle, pistache

Temps de préparation : 5 minutes.
Temps de cuisson : 10 minutes.
Portions : 4

Ingrédients:
- 1 tasse et demie d'eau
- 1 cuillère à café de cannelle en poudre
- 1 et ½ tasse de quinoa
- 1 tasse de lait d'amande
- 1 cuillère à soupe de sucre de coco
- ¼ tasse de pistaches hachées

Adresses :
1. Mettez l'eau et le lait d'amande dans une casserole, portez à ébullition sur feu moyen, ajoutez le quinoa et les autres ingrédients, fouettez, laissez cuire 10 minutes, répartissez dans des bols, laissez refroidir et servez au petit-déjeuner.

Nutrition: calories 222, lipides 16,7, fibres 2,5, glucides 16,3, protéines 3,9

Mélange de yaourt aux cerises

Temps de préparation : 10 minutes.
Temps de cuisson : 0 minutes.
Portions : 4

Ingrédients:
- 4 tasses de yaourt écrémé
- 1 tasse de cerises dénoyautées et coupées en deux
- 4 cuillères à soupe de sucre de coco
- ½ cuillère à café d'extrait de vanille

Adresses :
1. Dans un bol, mélanger le yaourt avec les cerises, le sucre et la vanille, mélanger et réfrigérer 10 minutes.
2. Répartir dans des bols et servir le petit-déjeuner.

Nutrition: calories 145, lipides 0, fibres 0,1, glucides 29, protéines 2,3

Mélange de prunes et de noix de coco

Temps de préparation : 10 minutes.
Temps de cuisson : 15 minutes.
Portions : 4

Ingrédients:
- 4 prunes dénoyautées et coupées en deux
- 3 cuillères à soupe d'huile de coco fondue
- ½ cuillère à café de cannelle moulue
- 1 tasse de crème de coco
- ¼ tasse de noix de coco non sucrée, râpée
- 2 cuillères à soupe de graines de tournesol grillées

Adresses :
1. Dans un plat allant au four, mélanger les prunes avec l'huile, la cannelle et les autres ingrédients, mettre au four et cuire au four à 380 degrés F pendant 15 minutes.
2. Répartissez le tout dans des bols et servez.

Nutrition: calories 282, lipides 27,1, fibres 2,8, glucides 12,4, protéines 2,3

Yaourt aux pommes

Temps de préparation : 10 minutes.
Temps de cuisson : 0 minutes.
Portions : 4

Ingrédients:
- 6 pommes, épépinées et réduites en purée
- 1 tasse de jus de pomme naturel
- 2 cuillères à soupe de sucre de coco
- 2 tasses de yaourt écrémé
- 1 cuillère à café de cannelle en poudre

Adresses :
1. Dans un bol, mélanger les pommes avec le jus de pomme et les autres ingrédients, remuer, répartir dans les bols et réfrigérer 10 minutes avant de servir.

Nutrition: calories 289, lipides 0,6, fibres 8,7, glucides 68,5, protéines 3,9

www.ingramcontent.com/pod-product-compliance
Lightning Source LLC
Chambersburg PA
CBHW071330110526
44591CB00010B/1095